VIDA Y COSTUMBRES DE
LOS ETRUSCOS

VIDA Y COSTUMBRES DE
LOS ETRUSCOS

Javier Cabrero Piquero

NO LONGER PROPERTY OF
ANDERSON COUNTY LIBRARY

ANDERSON COUNTY LIBRARY
ANDERSON, S.C.

Copyright © EDIMAT LIBROS, S. A.
C/ Primavera, 35
Polígono Industrial El Malvar
28500 Arganda del Rey
MADRID-ESPAÑA
www.edimat.es

Los textos y las opiniones expresadas en la presente obra son responsabilidad exclusiva de su autor.

Reservados todos los derechos. El contenido de esta obra está protegido por la Ley, que establece penas de prisión y/o multas, además de las correspondientes indemnizaciones por daños y perjuicios, para quienes reprodujeren, plagiaren, distribuyeren o comunicaren públicamente, en todo o en parte, una obra literaria, artística o científica, o su transformación, interpretación o ejecución artística fijada en cualquier tipo de soporte o comunicada a través de cualquier medio, sin la preceptiva autorización.

ISBN: 978-84-9764-844-8
Depósito legal: M-9707-2007

Colección: Vida y costumbres en la Antigüedad
Título: Vida y costumbres de los etruscos
Autor: Javier Cabrero Piquero
Coordinación de la colección: Felipe Sen / Álvaro Cruz
Diseño de cubierta: El Ojo del Huracán
Impreso en: COFÁS, S. A.

IMPRESO EN ESPAÑA – *PRINTED IN SPAIN*

ÍNDICE

INTRODUCCIÓN

Los etruscos fueron uno de los pueblos más fascinantes de toda la cuenca occidental del Mediterráneo. El atractivo de su lengua, la dificultad para establecer sus orígenes, y sobre todo su arte, la enigmática sonrisa con la que aparecen retratados hombres y mujeres en la tapa de sus sarcófagos, como si les agradara y esperaran ansiosamente traspasar el umbral de la muerte.

Escribir la vida cotidiana de este pueblo no está exento de dificultades, de grandes dificultades me atrevería a decir, dado que la información que tenemos sobre ella es altamente deficitaria y está oscurecida por su todopoderosa y omnipresente vecina: Roma.

Muchas de las costumbres romanas son indudablemente de origen etrusco, pero en la mayoría de las ocasiones es difícil deslindar, cuando no imposible, qué parte es la etrusca y cuál la añadida por los romanos. Roma y las ciudades etruscas se enfrentaron durante más de trescientos años; más de tres siglos de continuas guerras y acuerdos de paz que acabaron por hacer de aglutinante entre ambos pueblos, si es que no eran ya uno sólo con anterioridad. En el trono de Roma se sentaron monarcas etruscos y en las ciudades etruscas gobernaron magistrados romanos; vecinos y enemigos es la constante eterna de la humanidad.

Quiero dejar constancia aquí, en estas primeras páginas, mi agradecimiento a todos aquellos sin cuya ayuda no habría podido escribir este libro, en primer lugar a mis maestros de la Universidad Complutense de Madrid, Federico Lara, José María Blázquez y Santiago Montero, todos ellos me han animado constantemente en mi labor, especialmente el primero, el profesor Federico Lara, que ha orientado mi trabajo con innumerables consejos y correcciones, aunque los errores que pueda contener esta obra son de mi absoluta responsabilidad. El doctor Félix Cordente, compañero de promoción y amigo, como siempre, ha iluminado mi trabajo con sus agudos comentarios y con la aportación de numerosos pasajes del capítulo dedicado a la arquitectura etrusca. Tengo también que mostrar aquí mi agradecimiento al personal del Instituto de Historia del Consejo Superior de Investigaciones Científicas, en especial a la doctora Guadalupe López Monteagudo, que me ha facilitado la estancia en este centro, al igual que la doctora María Paz García-Bellido, cuyo interés por mi trabajo siempre ha sido constante. También quiero mostrar mi agradecimiento a la profesora María Pilar San Nicolás Pedraz, del Departamento de Arqueología y Prehistoria de la Uiversidad Nacional de Educación a Distancia y a todos mis compañeros del Departamento de Historia Antigua de dicha Universidad: Juan José Sayas, María Jesús Peréx, Manuel Abad, Pilar Fernández Uriel, Ana Vázquez Hoys, Raquel López Melero y Fe Bajo.

CAPÍTULO PRIMERO

FUENTES PARA EL CONOCIMIENTO DE LOS ETRUSCOS

Uno de los grandes problemas que nos encontramos a la hora de estudiar la historia y la cultura de los etruscos es el de las fuentes de información. Los etruscos convivieron y fueron víctimas del ascenso de Roma; ello supuso que muchas de las costumbres etruscas fueron absorbidas por los romanos, quienes las convirtieron en propias, hasta el punto de que, en un buen número de manifestaciones culturales, artísticas, o políticas nos es difícil establecer si son originariamente romanas o las tomaron prestadas de los etruscos. Pero este es un punto sobre el que volveremos más adelante.

Fuentes literarias clásicas

Si los etruscos, al igual que los romanos y otros pueblos de la Antigüedad, dejaron escrita su propia historia, lo desconocemos. Hasta nosotros ha llegado un gran número de inscripciones, muchas de ellas simples grafitos sobre objetos de uso cotidiano, que presentan innumerables problemas de interpretación; la mayoría se trata de una breve frase que nos recuerda quién era el propietario del objeto. Existen algunos textos algo más extensos, pero referidos a aspectos religiosos o jurídicos. Los historiadores greco-romanos se ocuparon con cierta frecuencia de los etruscos, pero siempre de una manera colateral al tratar los asuntos de Roma. Sabemos que el emperador Claudio (41-54 d.C.) estuvo muy interesado por todo lo relacionado con ellos sobre los que escribió una obra monumental. Sin duda, en este trabajo, utilizó como fuente un buen número de relatos anteriores que debieron proporcionarle valiosas informaciones que hoy serían fundamentales para desentrañar los muchos misterios que, aún hoy, rodean al pueblo etrusco. Por desgracia, tanto la obra de Claudio como los relatos que le proporcionaron la información se han perdido.

Es indudable que la falta de información directa fue consecuencia de la fuerte confrontación, paralela a la militar, que se produjo entre la cultura romana y la etrusca. Los romanos absorbieron gran parte de los postulados culturales etruscos y los hicieron propios, hasta tal punto que hasta nosotros han llegado como herencia romana, perdiendo todas las connotaciones anteriores que pudieron tener.

De una manera más o menos extensa, muchos autores clásicos nos han transmitido informaciones, en ocasiones contradictorias, sobre los etruscos. Los primeros en hacerlo fueron los historiadores griegos como Heródoto (ca. 484-430 a.C.), cuya obra *Historias,* dividida en nueve libros probablemente por Aristarco, marcó el comienzo de los estudios históricos. Esta obra, cuyo núcleo central está ocupado por los sucesos históricos comprendidos entre el ascenso de Ciro (560-559) al trono y la batalla de Micala (479 a.C.), está plagada de disgresiones históricas que afectan a la mayor parte de los pueblos mediterráneos.

Del mismo modo se pueden encontrar algunos datos en Tucídides (siglo V a.C.), en su *Historia de la guerra del Peloponeso,* que dejó incompleta al morir violentamente en torno al año 400 a.C.

Algo más tardío es Éforo (siglo IV a.C.), historiador griego nacido en Cumas, que escribió una historia en veintinueve libros a los que su hijo añadió un trigésimo, que contaba los sucesos desde el retorno de los Herácidas al Peloponeso, hasta el asedio de Perinto por Filipo II en el año 340 a.C. El valor fundamental de su obra, además de los datos intrínsecos contenidos en ella, es que sirvió de inspiración a otros historiadores como Diodoro Sículo, Estrabón, Polieno, Trogo Pompeyo y Plutarco.

El maestro de retórica Dioniso de Halicarnaso (siglo I a.C.), escribió también una obra de Historia, *Antigüedades romanas*, de la que solamente se conserva la primera parte de ella, los diez primeros libros y parte del undécimo, que abarcan desde la época más antigua de la historia de Roma hasta el inicio de la Primera Guerra Púnica. Es especialmente interesante el primero de los libros donde habla de los pelasgos y de su posible identificación con los tirsenos. También son interesantes todos aquellos pasajes en los que hace referencia a los enfrentamientos entre las ciudades etruscas y Roma.

Estrabón (siglo I a.C.) era originario del Ponto y según una antigua tradición su familia estaba emparentada con Mitrídates. Tenía una posición económica envidiable, lo que le permitió viajar constantemente y dedicarse a los estudios geográficos, que se plasmaron en una magnífica obra, *Geografía*, de la que tan sólo han llegado hasta nosotros diecisiete volúmenes, algunos de ellos con bastantes lagunas. Sobre todo nos interesan de este autor los libros 5 y 6, dedicados a Italia.

Diodoro Sículo (siglos I a.C.-I d.C.) fue uno de los grandes historiadores griegos, al que algunos comparan con Heródoto. Escribió una magnífica obra histórica en cuarenta volúmenes, de los que sólo se han conservado quince completos y el resto muy fragmentados, que llevó por título *Biblioteca*. La finalidad de esta obra era recoger la historia en paralelo de todos los pueblos conocidos en ese momento, con especial referencia a griegos y romanos.

Dion Cassio (ca. 150-235) era natural de Nicea y estaba emparentado por vía materna con el estoico Dion Crisóstomo. Escribió, en griego, una historia de Roma en ochenta libros de los que sólo se conservan completos dieciocho, algunos fragmentos y resúmenes de ellos en algunos otros autores posteriores. Su obra abarcaba desde la llegada de Eneas a Italia hasta la época del emperador Alejandro Severo (223-235). Por desgracia, entre los libros perdidos están los treinta y seis primeros, aunque existe un aceptable compendio, del cronista bizantino Zonaras, que vivió entre los siglos XI-XII, hasta el libro vigésimo primero.

Marco Terencio Varrón (116-27 a.C.), es el primero de los escritores en lengua latina en proporcionarnos noticias de interés sobre los etruscos. Fue uno de los escritores más prolíficos de la antigüedad y la tradición habla de que superó los 620 libros, que abarcaban casi todos los campos del saber. Con toda seguridad su principal obra fueron las *Antiquitates rerum humanarum et divinarum*, en cuarenta y un libros en los que se hacía una descripción de la vida y de la historia del pueblo romano desde los tiempos más remotos, con especial atención a las instituciones religiosas y políticas; por desgracia sólo se conservan algunos fragmentos de esta obra en San Agustín (*De Civitate Dei*). También escribió otros muchos libros históricos de menor alcance. De los pocos escritos que de él se conservan cabe destacar el *Rerum rusticarum*, tres libros dedicados a la economía y a la agricultura romana que contienen también datos de interés sobre el mundo etrusco.

Tito Livio (59 a.C.-17 d.C.) es el historiador romano por excelencia. Fue autor de algunos escritos filosóficos que solamente conocemos por Séneca o Quintiliano. Su obra principal fue *Ab urbe condita*, una historia de Roma planeada en 150 libros de los que sólo escribió 142 y que abarcarían desde los orígenes de Roma hasta la muerte de Druso en el año 9 a.C. La obra fue publicada a medida que la iba escribiendo en grupos de cinco (péntadas) o de diez libros (décadas), que contenían determinados ciclos de hechos históricos. De toda la obra han llegado hasta nosotros treinta y cinco libros: la primera, la tercera y la cuarta década y los cinco primeros libros de la quinta; del resto únicamente fragmentos y los resúmenes de todos los libros. La primera década de la obra de Tito Livio es la que más puede interesarnos, pues en ella se narran los orígenes de Roma, la dominación etrusca de la ciudad y, posteriormente, el enfrentamiento entre la República romana y las ciudades etruscas, haciendo especial referencia a la guerra contra Veyes.

El poeta latino Propercio (ca. 50-15 a.C.), que era originario de Asia, fue uno de los protegidos de Mecenas. De sus *Elegías* nos interesa, sobre todo, el libro cuarto, donde se recogen temas heroicos pero, sobre todo, fiestas y leyendas romanas, muchas de las cuales hunden sus raíces en el mundo etrusco.

Plinio *el Viejo* (23 a.C.-79 d.C.) fue el más grande de los naturalistas romanos. Su larga permanencia en el ejército le llevó a recorrer gran parte de los dominios de Roma. En estos viajes siempre se interesó por todo lo que le rodeaba, llegando a adquirir conocimientos enciclopédicos, conocimientos que intentó plasmar en su *Historia Natural*, obra en treinta y siete libros que recogen conocimientos de geografía, botánica, medicina, mineralogía y bellas artes. Entre las obras perdidas de Plinio *el Viejo*, de las que tan sólo se conservan algunas citas, estaba una extensa *Historia de Roma*, o un relato de las guerras con los germanos.

Vitrubio (siglo I a.C.) probablemente era originario de Verona; desconocemos tanto la fecha de su nacimiento como la de su muerte, pero sí sabemos que vivió en época de César y de Augusto. Fue el único escritor romano que se ocupó de temas de arquitectura, escribiendo una obra, *De Architectura*, dividida en diez libros en los que se tratan los principios generales de la arquitectura, los materiales de construcción, los templos, los órdenes de columnas, los edificios públicos, las construcciones urbanas o rurales, la ornamentación de las casas, los acueductos y la mecánica. Tanto César como Augusto le utilizaron como ingeniero en la construcción de máquinas de guerra, y el segundo le encargó también la supervisión de todas las obras públicas que realizaba.

El emperador Claudio (10 a.C.-54 d.C.) fue para muchos estudiosos el primer etruscólogo de la historia. De él se dice que era un profundo conocedor de la lengua etrusca; se sentía tan fascinado por ellos que recopiló una gran cantidad de material para escribir su historia de los etruscos (*Tyrrenica*), historia que desgraciadamente no ha llegado hasta nosotros.

Valerio Máximo desarrollo su actividad en época de Tiberio y sabemos que estaba muy ligado a la familia del cónsul del año 14 Sexto Pompeyo. Tras pasar por Asia, entre los años 28 y 32 escribió la única obra que conocemos de él *Factorum et dictorum memorabilium libri novem*, cuya finalidad era recoger hechos y discursos de los miembros de las familias ilustres. Cada uno de los libros está dedicado a un argumento entre los que cabría destacar: religión, respeto a las instituciones, valor, fuerza, paciencia, misericordia, sobriedad, amor conyugal, amistad, clemencia, castidad, amor filial, justicia, fortuna, vicios. Existe un décimo libro, *De praenominibus*, que en ocasiones se ha añadido a los nueve de Valerio Máximo que, sin embargo, sabemos que no fue escrito por él. Es muy probable que esta obra tuviese también una finalidad didáctica y fuese utilizada por los alumnos de retórica y declamación en su aprendizaje. Para su realización utilizó las obras de Cicerón, Livio, Salustio y Trogo Pompeyo y, por su carácter moralizante, fue bastante utilizada a lo largo de toda la Edad Media.

Silio Itálico (ca. 25-101) nació probablemente en Padua y es muy poco lo que sabemos de su vida. Por una inscripción de Afrodisia conocemos que fue procónsul de Asia en época de Vespasiano. Desde la época de Claudio frecuentó la actividad del foro y su prestigio personal se vio manchado por implicarse en las actividades oscuras de Nerón ejerciendo el papel de delator y de abogado de la acusación bajo el último de los Julio-Claudios; sin embargo, a la muerte de éste logró salir indemne de las convulsiones del año 68. Tras abandonar la vida pública se retiró a Campania, donde se dedicó a la poesía, alcanzando gran fama entre sus contemporáneos. Su obra más destacada es el poema épico *Punica*, escrito en época de Domiciano y dedicado a la Segunda Guerra Púnica, obra que está dividida en diecisiete libros en los que se combinan los hechos históricos, sacados fundamentalmente de la tercera década de Tito Livio, con las narraciones míticas.

Tácito (ca. 55-120) pudo nacer en la Galia Narbonense o bien en Interamna, actual Terni, aunque de él poseemos muy pocos datos biográficos, solamente se puede asegurar que pertenecía a una familia acomodada del orden ecuestre, que estudio en Roma y casi con seguridad frecuentó la escuela de Quintiliano, destacando pronto como magnífico orador y abogado. Dio comienzo a su carrera política en época de Vespasiano, pero solamente inició su carrera literaria tras la muerte de Domiciano, convirtiéndose en uno de los más grandes historiadores romanos. Sin embargo, una de sus primeras obras, *Dialogus de oratoribus*, escrita en torno al año 80, está dedicada a las causas de la decadencia de la oratoria, aunque es una obra que ha suscitado algunas dudas sobre su atribución a Tácito. En el año 98 publicó *Vita de Agricola*, obra en la que realiza la biografía de su suegro Publio Agricola como ejemplo de libertad y de honestidad política, a quien estuvo muy ligado. En ese mismo año pudo publicar también *Germania*, obra en la que se entremezclan las noticias étnicas con las geográficas y da una visión de los romanos dominados por la corrupción. Las *Historiae*, en doce o catorce libros, las escribió entre los años 100 y 114; de ellos sólo se conservan los cuatro primeros libros y la mitad del quinto; y, finalmente, los *Anales*, complemento de las *Historiae* entre los años 100 y 117, de los que solamente se conservan los primeros cuatro libros, fragmentos del quinto y del sexto y los últimos seis, de un total entre dieciséis y dieciocho.

Suetonio (ca. 70-140) también era miembro de una rica familia del orden ecuestre, pero al contrario que Tácito decidió no integrarse en la vida política ni en la militar, dedicándose únicamente a sus estudios, convirtiéndose, en torno al año 120, gracias a la protección del prefecto del pretorio

Seticio Claro, en secretario *ab epistulas* de Adriano, cayendo pronto en desgracia; tras ello se retiró completamente a la vida privada y se dedicó a escribir. Sus principales obras son: *De viris illustribus*, que publico en torno al año 113, en la que se recogía la vida de los principales personajes de la historia de Roma, tanto políticos como personajes pertenecientes a la cultura, pero de esta obra sólo se conservan las noticias referentes a gramáticos y retóricos. Con posterioridad al año 121 publicó la obra que le hizo inmortal, *De vita Caesarum*, doce biografías de los emperadores desde César a Domiciano. Aparte de éstas fue autor de otras numerosas obras, algunas de ellas escritas en griego, todas ellas perdidas como *Historia Ludicra*, sobre los juegos romanos; *De anno romanorum*, sobre el calendario; *De genere vestium*, sobre la vestimenta; *De notis*, sobre las abreviaciones y signos diacríticos; *De republica Ciceronis*, sobre el pensamiento político de Cicerón; *De regibus*, sobre los monarcas extranjeros; *De institutione officiorum*, sobre las magistraturas públicas; también obras sobre la naturaleza y los animales como *De rerum natura* y *De animalium naturis*, así como una obra enciclopédica sobre la vida y costumbres de los romanos.

Los datos de la vida de Floro (siglos I-II d.C.) son del todo desconocidos. Pudo nacer en África a finales del siglo I, estableciéndose en Roma en la época de Adriano. Es célebre por una única obra, los dos libros de epitomes sobre la historia romana, que en uno de los primeros códices llevaban por título *Epitome de Tito Livio*, el primero de ellos dedicado a las guerras externas y el segundo a las guerras civiles del siglo I a.C.

Macrobio (siglo V d.C.) probablemente era de origen griego o africano y vivió en época de Teodosio *el Joven*. Durante buena parte de su vida se dedicó a compilar los escritos de filósofos griegos. De él han pervivido dos obras: las *Saturnalia* (*Saturnalium conviviorum libri septem*), obra en siete libros en la que intenta recopilar todo el saber filosófico, que contiene también una ingente cantidad de observaciones históricas y mitológicas; y *Commentariorum in somnium Scipionis*, dos libros inspirados en el *Sueño de Escipión* del libro sexto de *La República* de Cicerón. Tenemos noticias de una tercera obra suya, *De differentiis et societatibus graeci latinique verbi*, que sólo conocemos por un extracto del siglo IX.

Fuentes arqueológicas

Durante decenios uno de los temas de discusión entre los etruscólogos ha sido admitir o no la existencia de una literatura etrusca comparable con la griega o con la romana, que nos pueda servir de fuente para el conocimiento de los etruscos. Por desgracia, el dominio aplastante que Roma ejerció sobre la península italiana provocó que la utilización de la lengua etrusca fuera decayendo con el paso del tiempo y la progresiva imposición del latín. Consecuencia de ello fue que las obras literarias en etrusco, que en su inmensa mayoría debían estar escritas sobre materiales perecederos, se fueran perdiendo, quedando sólo aquellas que estaban escritas sobre materiales duros, breves inscripciones en su mayoría, con alguna excepción como los textos de la pieza de lino utilizada como vendas en la momia de Zagreb.

Los textos epigráficos, por lo general muy breves y mayoritariamente de carácter funerario, han sido recogidos en el CIE (*Corpus Inscriptionum Etruscarum*) que comenzó a publicarse en 1893 y en la actualidad continúa en proceso de publicación por el *Istituto di Studi sulle civiltà italiche e del Mediterraeo antico*, pertececiente al *Consiglio Nazionale delle Ricerche*, con colaboración con el *Istituto Nazionale di Studi Etruschi ed Italici di Firenze* y la *Academia de Ciencias de Berlín*. En los millares de epígrafes recogidos aparece un considerable número de personajes y de breves datos biográficos, que en ocasiones resultan de extraordinario interés a la hora de estudiar instituciones, religión u otros aspectos de la vida pública y privada de los etruscos.

El arte, tanto la escultura, como la pintura o la artesanía con infinidad de objetos de uso cotidiano, son una fuente de información en nada desdeñable. En sarcófagos y urnas funerarias etruscas, así como en las pinturas encontradas en las tumbas, aparecen representados todo tipo de personajes y escenas, de carácter cotidiano, como banquetes o actividades lúdicas o mítico-religiosas protagonizadas por divinidades, héroes o personajes legendarios. La atenta observación de todas ellas nos permite entresacar datos de interés para el conocimiento del pueblo etrusco, sobre sus costumbres, su organización social, su religión y la influencia que todo ello va a tener en la sociedad romana, que en algunos casos absorberá plenamente estas costumbres, haciéndolas suyas y, en otros, las modificará total o parcialmente, para adaptarlas mejor a las características de las poblaciones latinas que habitaban la región del Lacio.

La organización urbanística de las ciudades y de las necrópolis, las formas de sus casas, el modo de construirlas, la estructura interna de las mismas, la decoración, el modo de amueblarlas, son todos datos de interés, que sirven de complemento a las informaciones procedentes de otras fuentes.

CAPÍTULO II

Historia de los etruscos

Geografía de Etruria

Antes de adentrarnos en el controvertido tema del origen de los etruscos, es necesario que en primer lugar hagamos, aunque sea de modo muy breve, referencia al ámbito geográfico en el que se desarrolló la civilización etrusca.

El pueblo etrusco ocupó la zona centro norte de la Península Italiana, un vasto territorio que en el siglo VIII a.C. estaba comprendido entre las desembocaduras de los ríos Tíber, en la región del Lacio, por el sur y Arno, en la frontera con Liguria por el norte, por el oeste las costas del Tirreno y por el este en contacto con sabinos y umbros. Sin embargo, los etruscos tuvieron un proceso de progresiva expansión, y en el siglo VII a.C. los encontramos ya firmemente asentados en Roma, como demuestran los hallazgos de materiales etruscos en el Capitolio y en el Palatino, a los que se añadieron después los marfiles del área sacra de San Omobono; además, como veremos más adelante, los últimos tres monarcas romanos, antes de instaurarse la República en el año 509 a.C., fueron etruscos. En el siglo VI a.C., la expansión etrusca llega a Campania, alcanzando incluso Pompeya.

Estrabón, geógrafo griego originario de El Ponto, que nació en el año 64 a.C. hace una larga descripción de Etruria en el libro V de su *Geografía* (2.5):

Dicen que la mayor longitud de la Tirrenia se representa en el litoral que va desde Luna a Ostia, con una longitud total de 2.500 estadios. Su anchura, medida a través de las montañas, es menos de la mitad. De Luna a Pisa no hay más de 400 estadios, de Pisa a Volterra, 280; desde aquí a Populonia, 280 estadios, y de Populonia a Cosa, 800 o 600 según la opinión de otros. Pero Polibio, erróneamente dice que el total es de 1.300 estadios.

A continuación pasa a describir algunas de sus principales ciudades y sus características orográficas:

Entre las ciudades que hemos nombrado, Luna es una ciudad y un puerto: los griegos la llamaron puerto y ciudad de Selene. La ciudad no es grande, pero el puerto es extenso y hermoso incluyendo otros muchos puertos, todos ellos profundos, adecuado para ser la base naval de un pueblo que impuso su talasocracia sobre un mar tan grande y por tanto tiempo. El puerto está rodeado completamente por altas montañas desde las que se pueden contemplar diferentes mares, Cerdeña y gran parte de la costa, de una y de otra parte. Hay canteras de mármol blanco veteado de azules en tal número y cantidad, que proporcionan lastras monolíticas y columnas, hasta el punto de que de allí proceden gran parte de los materiales empleados en Roma y en otras ciudades, para construir obras insignes.

Estrabón señala, asimismo, que además del mármol, la Tirrenia proporcionaba la mayor parte de la madera utilizada en la construcción de las casas, que desde las montañas era conducida a través de los ríos.

Cercana a Luna estaba Luca, y entre Luna y Pisa discurría el río Magra, que separaba Tirrenia de Liguria. También se detiene el geógrafo griego en la descripción de Volterra, situada en un profundo valle, sobre una escarpada colina, y cuyo territorio es bañado por el mar. Finalmente, Populonia también se levantaba sobre un promontorio rodeado por el mar.

Los etruscos e Italia: el problema de los orígenes

El origen de los etruscos fue objeto de discusión ya entre los antiguos historiadores romanos quienes, al igual que los actuales, no se pusieron de acuerdo en tan espinoso tema.

No existe una única teoría sobre el origen y formación del pueblo etrusco, hecho que ya desde la antigüedad más remota fue objeto de estudio. Los etruscos dieron vida a la primera gran civilización itálica, incluso antes de que lo hiciera la misma Roma que, cuando la civilización etrusca estaba en su máximo apogeo, era una pequeña y maloliente ciudad en la orilla izquierda del Tíber.

Cuando los colonizadores griegos y fenicios llegaron a las costas italianas, se encontraron con un pueblo perfectamente formado y organizado, con un alto grado de civilización, ocupando la Italia central, entre los ríos Arno y Tíber, con el que tuvieron que disputarse el control y la explotación de las riquezas peninsulares. Los griegos les llamaron *tyrrhenoi* y, por extensión, Tirreno al mar que dominaban.

Tanto para los griegos, como después para los romanos, la civilización etrusca fue un enorme enigma, cuyo origen no supieron resolver satisfactoriamente, manteniéndose esta incógnita hasta nuestros días. Todo ello se ve agravado por la falta de documentación específicamente etrusca, salvo un numeroso grupo de inscripciones, realizadas sobre todo tipo de materiales, que se recogen en dos obras fundamentales: el *Corpus Inscriptionun Etruscarum* y los *Testimonia Linguae Etruscae*. Si existió una historia etrusca narrada por sus protagonistas es algo que difícilmente sabremos, salvo que la arqueología nos proporcione algún descubrimiento revolucionario. Sí sabemos, o al menos lo intuimos, que probablemente debió escribirse alguna obra de este tipo y que debió ser utilizada por el emperador Claudio (41-54) para escribir los veinte libros de su *Tyrrenika*, perdida en su totalidad probablemente poco después de su muerte.

Ante la falta de noticias de primera mano, narradas por sus protagonistas, hemos de recurrir a los pocos testimonios que se conservan sobre la historiografía greco-romana. Del análisis de todos ellos se deduce la existencia de tres teorías sobre el origen de los etruscos: la oriental, la septentrional y la autóctona.

Teoría del origen oriental

Tradicionalmente ha sido la más aceptada de todas y es planteada por primera vez por el historiador griego del siglo V a.C., Heródoto:

Los lidios mantienen que también los juegos, ahora usados por ellos y por los griegos, son de su invención. Afirman que contemporáneamente fueron por ellos inventados estos juegos y colonizada la Tirrenia, dando esta versión de los hechos: En tiempos de Atis, hijo del rey Manes, se produjo en Lidia una tremenda carestía, y los lidios por algún tiempo lograron soportarla, pero después, como no cesaba, intentaron poner remedio, unos inventaban un entretenimiento y otros, otro. Entonces se inventaron los dados, las tabas, la pelota y todos los otros juegos menos el ajedrez, pues la invención de este último no se la apropian los lidios. Una vez inventados actuaban contra el hambre de la siguiente manera: un día jugaban toda la jornada, para de este modo no acordarse de la comida, otro comían, dejando al lado el juego. De este modo pasaron dieciocho años. Pero, como la carestía no disminuía, es más se agravaba, el rey dividió a todos los lidios en dos grupos y sorteó cuál de los dos debía permanecer en el país y cual emigrar, se colocó a sí mismo como rey a la cabeza del que le tocaba quedarse y al frente del que debía marchar puso a su hijo que tenía por nombre Tirseno. Los que debían partir del país bajaron a Esmirna y construyeron naves y, cargados en ellas todos los objetos que les eran de utilidad, se echaron al mar en busca de medios de sustento y de tierras, hasta que, pasados muchos pueblos, alcanzaron el país de los umbros, donde construyeron las ciudades donde viven ahora. Pero en lugar de lidios cambiaron su nombre tomando el del hijo del rey que les había guiado y se llamaron Tirsenos.

(Heródoto, I, 94)

Pero Heródoto no es el único autor antiguo que atribuye este origen oriental a los etruscos. Helánico de Lesbos, logógrafo griego de mediados del siglo V a.C., contemporáneo de Tucídides que escribió obras sobre los usos y costumbres de los pueblos extranjeros y griegos, algunos de cuyos fragmentos se han conservado en Dionisio, mantiene este origen oriental de los etruscos, pero les identifica con los pelasgos, de los que dice que fueron expulsados de su país por los griegos y que tras llegar al mar Jónico tomaron Crotona, a partir de la cual colonizaron el interior, que desde entonces pasó a llamarse Tierrenia:

Eran superiores a muchos no sólo en las cuestiones de guerra por su práctica en los peligros, mientras vivieron entre pueblos belicosos, sino que también alcanzaron un gran conocimiento de la navegación por su convivencia con los tirrenos. Y la necesidad era suficiente en los momentos apurados de la vida para darles valor y se convertía en su guía y maestra ante cualquier peligro, de modo que allá donde iban, lo conquistaban sin dificultad. Esa misma gente era llamada por los demás hombres tirrenos y pelasgos, por el nombre del país del que emigraron y en recuerdo de su antiguo origen. Yo hago mención de ello para que cuando alguien oiga a poetas o escritores llamarles pelasgos y tirrenos no se admire de cómo el mismo pueblo pudo tener esos dos nombres, pues en relación con ellos Tucídides tiene una clara referencia a la Acta Tracia y a las ciudades situadas en ella, que están habitadas por hombres bilingües. Sobre el pueblo pelasgo dice lo siguiente: «hay también un elemento calcidio, pero el más numeroso es el pelasgo por los tirrenos que habitaron una vez en Lemnos y Atenas». Y Sófocles, en su drama Inaco, pone en boca del coro los siguientes anapestos:

«Oh, Inaco fluyente, hijo de Océano, el padre de las fuentes, tú que tienes gran poder sobre los campos de Argos, las colinas de Hera y también sobre los tirrenos pelasgos.»

Efectivamente, en aquel tiempo el nombre de Tirrenia era conocido por Grecia y toda la Italia occidental recibía esta denominación, después de haber perdido los distintos apelativos de las razas. También ocurrió lo mismo en muchas partes de Grecia y en lo que ahora se llama Peloponeso, pues por uno de los pueblos que habitaban allí, el aqueo, toda la península, en la que también se hallaban el pueblo arcadio, el jonio y muchos otros fue llamada Acaya.

(Dionisio I,25)

Otro autor antiguo que acepta esta misma teoría es Antíclides, autor que debió escribir en torno al siglo IV a.C., y del que se han conservado solamente unos pocos fragmentos y cuyas opiniones son recogidas por Estrabón, cuando afirma que algunos pelasgos, de los que se habían establecido en Lemnos e Imbros, participaron junto a Tirseno en la expedición a Italia:

Antíclides dice que éstos en primer lugar colonizaron Lemno e Imbros y que algunos de ellos se unieron a Tirreno, hijo de Atis y tomaron parte junto a él en la expedición a Italia.

La teoría de la procedencia oriental tiene muchos puntos de apoyo, fortaleciéndose gracias a una serie de hallazgos epigráficos en la isla de Lemnos, frente a las costas de Turquía, que presentan numerosas semejanzas, en la forma de la escritura y en aspectos lingüísticos, con los existentes en Etruria. Además, esto es apoyado por la gran cantidad de objetos que los etruscos importaban de Oriente y, sobre todo, por la gran impregnación de elementos orientales y orientalizantes que poseía la cultura etrusca, que según los defensores de esta teoría sólo puede explicarse por una masiva emigración de gentes procedentes de aquellas tierras. Un elemento más viene a dar solidez a los que apoyan el origen levantino de los etruscos y es la práctica de la inhumación funeraria, habitual en el Oriente, cuando en casi todo el resto de Italia se usaba la incineración. A todo ello hay que añadir la posible identificación de los tirsenos con los *tursha*, uno de los «pueblos del mar» que aparecen en las fuentes egipcias, que intentaron entrar en Egipto en el siglo XIII a.C.

Teoría del origen septentrional

Es la menos aceptada de todas. Considera que los etruscos llegaron desde el norte de Europa a través de los Alpes, basándose en ciertas afinidades entre las culturas itálicas y las danubianas de inicios del I milenio a.C. El origen de esta teoría se encuentra en un pasaje de Tito Livio: algunas poblaciones alpinas son indudablemente de origen etrusco, sobre todo los retios. Los autores que defienden esta teoría han identificado a los retios de Livio con los rassena de Dionisio e identifican a los etruscos con los pueblos que utilizaban el rito funerario de la incineración, perteneciente a la cultura de los palafitos y las «terramaras». Hacen una secuencia en la que las «terramaras» dan origen a la cultura villanoviana y ésta a la etrusca. Estos autores también han encontrado semejanzas en el campo lingüístico sosteniendo que el etrusco pertenecería el grupo retio-pelásgico, que se extendió desde los Balcanes y el Danubio hasta Grecia e Italia.

Ninguna de las tres teorías da plena y cumplida respuesta a la incógnita que supone el esclarecimiento del origen de los etruscos, por eso, en la actualidad, se tiende a dar al problema un enfoque mucho más flexible, evitando los posicionamientos extremos y radicales. El máximo representante de este modo de pensar es el ya desaparecido científico italiano Máximo Pallotino, quien considera que el proceso de formación de la nación etrusca solamente pudo llevarse a cabo en suelo italiano, pero que en éste tuvieron un papel determinante los contactos y los intercambios comerciales y culturales con los viajeros procedentes del Egeo, que llegaban a la zona en busca de metales. Sostiene Pallotino que debe hablarse de una fuerte influencia cultural absorbida plenamente por el pueblo etrusco y no de origen oriental. En el enfoque que tal historiador da al problema queda subyacente la teoría del origen autóctono, pero cabe preguntarnos hasta qué punto esto fue así o si no se produjo también la infiltración de un cierto número de individuos de procedencia oriental, más o menos elevado, que contribuyeron con su presencia a un mayor afianzamiento de los elementos culturales foráneos.

Teoría del origen autóctono

El único autor antiguo, de los que se ha conservado el testimonio, que apoya la teoría del origen autóctono de los etruscos, a los que dio el nombre de *rassena*, es Dionisio de Halicarnaso (I,30), historiador griego que vivió en la época de Augusto:

No obstante, a mí me parece que se equivocan todos los que están convencidos de que los tirrenos y los pelasgos son uno y el mismo pueblo. No era nada extraño que algunas veces unos recibieran el nombre de los otros, pues también les ocurrió lo mismo a algunos otros pueblos, tanto griegos como bárbaros, por ejemplo a los troyanos y a los frigios que vivían cerca unos de otros (sin duda alguna, muchos consideraban estos dos pueblos como uno solo que cambiaba de nombre, pero no de naturaleza). Y en Italia, los pueblos se han mezclado bajo un mismo nombre, no menos que los de cualquier otra parte:

hubo un tiempo en que los latinos, los umbros, los ausonios y muchos otros eran llamados tirrenos por los griegos, y el hecho de que estos pueblos habitaran a bastante distancia contribuía a hacer más imprecisa su distinción para quienes vivían lejos. Y muchos historiadores pensaron que la misma Roma era una ciudad tirrena. Pues bien, yo estoy convencido de que estos pueblos cambiaron de nombre cuando también cambiaron de lugar de residencia; pero no creo que ambos hayan participado de un origen común, y aseguro esto entre muchas otras razones porque sus lenguas son diferentes y no conservan ninguna semejanza. «Los crotoniatas y los placianos, según afirma Heródoto, hablan la misma lengua y, en cambio, no la comparten con sus actuales vecinos. Esto demuestra que, al emigrar a estas regiones, se trajeron consigo su forma peculiar de hablar y la conservan». Sin embargo, uno podría extrañarse de que los crotoniatas tuvieran una lengua parecida a la de los placianos, que habitaban cerca del Helesponto, pues ambos eran pelasgos de origen, y en cambio no tuvieran la misma que los tirrenos, que vivían muy próximos. Si debemos considerar que el parentesco es la causa de que dos pueblos hablen la misma lengua, lo contrario será la razón de que hablen diferente; pues no es posible creer que ambas circunstancias se den en las mismas condiciones. Por una parte, podría tener cierta lógica que gentes de la misma raza, al vivir lejos unos de otros, ya no conservaran el mismo tipo de lengua por sus relaciones con los pueblos vecinos. Pero no tiene ningún sentido que gentes que habitan en el mismo territorio y no hablan entre ellos la misma lengua sean considerados de la misma raza.

Apoyándome en este razonamiento, estoy convencido de que los pelasgos son diferentes de los tirrenos. Y tampoco creo que los tirrenos fueran una colonia de los lidios, pues no tienen la misma lengua que aquéllos, ni se puede decir que aunque ya no utilicen el mismo idioma, sin embargo conserven algunos otros rasgos de la metrópoli. Ni creen en los mismos dioses que los lidios, ni poseen leyes o costumbres parecidas, sino que al menos en estas cuestiones, difieren más de los lidios que de los pelasgos. Es posible que los que más se acerquen a la verdad sean los que declaran que este pueblo no vino de ningún sitio, sino que es autóctono puesto que se nos revela como muy antiguo y no coincide ni en la lengua ni en la forma de vida con ningún otro pueblo. Y nada impide que los griegos les dieran este nombre por el hecho de vivir en torres y por alguno de sus soberanos. Los romanos, sin embargo, les llaman con otros nombres: por la región en que una vez vivieron, llamada Etruria, llaman etruscos a sus habitantes; y por su conocimiento de los ritos relativos a los cultos divinos, en lo que aventajan a otros, les llaman ahora, de forma más equívoca, tusci, pero antes, siendo precisos, les daban el nombre de thyoskoí, como los griegos. Sin embargo, ellos a sí mismos se llaman con el mismo nombre de uno de sus caudillos, Rasena. En otro libro 75 daré a conocer qué ciudades fundaron los tirrenos, qué formas de gobierno establecieron, cuánto poder adquirieron, las empresas dignas de mención que llevaron a cabo y qué tipo de vicisitudes sufrieron.

Volviendo al pueblo pelasgo, cuantos no perecieron o se dispersaron por las colonias (sólo quedaron unos pocos de los muchos que eran), permanecieron en esta zona conviviendo con los aborígenes, donde con el tiempo sus descendientes, junto con otros, fundaron la ciudad de Roma. Tales son las leyendas sobre la raza de los pelasgos.

Opina, por tanto, que los pelasgos son un pueblo diferente de los tirrenos. Y para ello se apoya en que no hablaban la misma lengua, no tenían sus costumbres ni adoraban a los mismos dioses y que, además, no poseían ni leyes ni instituciones similares. Está de acuerdo con los que mantienen que se trataba de un pueblo indígena que no emigró de ninguna parte y que no coincide con ningún otro ni en lengua ni en costumbres.

Se trata esta de una teoría apoyada por un importante grupo de investigadores, que mantienen sus posiciones gracias a toda una serie de estudios lingüísticos tendentes a demostrar la existencia de un llamado estrato «tirrénico» preindoeuropeo, que es mucho más antiguo que los dialectos itálicos como el latín, el osco, el umbro, el falisco y el samnita, todos ellos pertenecientes al tronco lingüístico indoeuropeo. El pueblo etrusco se formó de la unión de estos elementos culturales y étnicos indígenas preexistentes, con los que llegaron a Italia en la Edad del Bronce.

Los etruscos vistos por la historiografía greco-romana

Las fuentes griegas no nos han proporcionado una visión demasiado favorable del carácter de los etruscos. Sin duda este hecho hay que atribuirlo al largo enfrentamiento entre griegos y cartagineses por el dominio del Mediterráneo occidental, enfrentamiento que no fue ajeno a los etruscos, que se decantaron siempre del bando cartaginés.

El primero en emitir un juicio desfavorable a los etruscos fue Heródoto cuando habla del tratamiento que recibieron los prisioneros griegos tras los enfrentamientos de Agila, la posterior Caere:

Y por cierto que a los marineros de las naves destruidas, los cartagineses y los tirrenios «se los sortearon; y entre éstos fueron los agileos quienes» en el sorteo obtuvieron el mayor número de ellos; luego los sacaron a las afueras de la ciudad y los lapidaron. Desde aquel momento, en Agila, todo cuanto pasaba por el lugar donde yacían los foceos lapidados, fuesen rebaños, bestias de carga o personas, quedaba contrahecho, tullido e impotente.

(I,167)

De este mismo es partícipe el poeta latino Virgilio, aunque él no achaca la crueldad a todos los etruscos, sino solamente a algunos de sus dirigentes, como el rey de Caere, Mecencio:

¿Te hablaré de sus increíbles matanzas? ¿De sus salvajes actos de tiranía? ¡Que los dioses los castiguen igualmente a él y a su raza! Llegó hasta hacer atar a los vivos con los cadáveres, manos con manos, boca con boca, y las víctimas de este nuevo suplicio, chorreando supuraciones y sangre corrompida, morían en su miserable acoplamiento, de una muerte lenta.

(Virgilio, Eneida, VIII, pp. 483 y ss.)

Honda huella dejaron en autores posteriores las opiniones del historiador filoespartano Teopompo, nacido en

Quios en torno al año 378 a.C., al que ya desde la antigüedad muchos autores, entre los que están Cornelio Nepote y Polibio, daban poca credibilidad por su sectarismo y su desmedido gusto por el chismorreo. A pesar de ello ha llegado hasta nosotros un jugoso relato sobre los usos y costumbres de los etruscos que el dramático nacido en Naucratis, Ateneo, recoge íntegramente en su obra *El banquete de los sabios*:

Teopompo, en el libro XLIII de su Historia, dice que los tirrenos tienen a las mujeres en común, que ellas cuidan con esmero sus cuerpos y que se exhiben desnudas, con frecuencia ante los hombres, a veces entre sí; ya que para ellas no es vergonzoso mostrarse desnudas. Se sientan a la mesa no con sus propios maridos, sino con el primer llegado de los asistentes, e incluso quitan la salud a quien ellas quieren. Son por los demás muy bebedoras y muy hermosas a la vista. Los tirrenos crían a todos los niños que vienen al mundo, sin saber quién es el padre de cada cual. Estos niños viven de la misma manera que sus progenitores, pasando la mayor parte del tiempo en borracheras y en comercios, indistintamente, con todas las mujeres. No hay ninguna vergüenza para los tirrenos en que se les vea en público haciendo un acto amoroso o recibiéndolo; ya que también esto es una moda del país. Y están tan lejos de ver la cosa como vergonzante que, cuando el amo de la casa está haciendo el amor y alguien pregunta por él, dicen: «Está haciendo esto o aquello», dando impunemente su nombre a la cosa. Cuando tienen reuniones, ya sea de sociedad o de familia, hacen como sigue: primero, cuando han terminado de beber y están dispuestos a dormir, los sirvientes conducen hasta ellos, con las antorchas aún encendidas, tanto a cortesanas como a hermosos mancebos o incluso a sus propias mujeres; cuando han obtenido su placer con ellos o ellas, entonces hacen que jóvenes llenos de vitalidad se acuesten con éstos o aquéllas. Hacen el amor y retozan a veces a la vista de otros, pero la mayoría de las veces rodeando sus lechos de cabañas hechas con ramas trenzadas, y extendiendo encima sus mantos. Mantienen ciertamente frecuente comercio con las mujeres, pero gozan mucho más con los mancebos y los hombres jóvenes. Estos son en su país muy hermosos a la vista, porque viven en la molicie y tienen el cuerpo depilado. Por otra parte, todos los bárbaros que viven en el Occidente se untan el cuerpo de pez y se lo afeitan; e incluso, entre los tirrenos, hay muchos talleres establecidos y personas expertas en esta operación, como están entre nosotros los barberos. Cuando van a uno de ellos se aplican al trabajo sin reparos, sin sentir vergüenza de ser vistos, ni siquiera por los transeúntes.

(Ath. XII 517d y ss., trad. A. M. Desrousseaux)

Esta opinión de Teompompo es contrarrestada por la de un escritor mucho más ecuánime, la del filósofo de Apamea Posidonio (h. 135-50 a.C.), cuyo testimonio se nos ha conservado en el libro V de la *Biblioteca Histórica* de Diodoro de Sicilia:

Nos queda por hablar de los tirrenos. Éstos, en efecto, se distinguieron desde antiguo por su valor, se aseguraron la posesión de un gran territorio y fundaron muchas notables ciudades. Igualmente, puesto que tenían poderosas fuerzas navales, fueron dueños del mar por mucho tiempo e hicieron que el mar a lo largo de Italia fuese llamado Tirreno en honor a ellos; perfeccionando la organización de las fuerzas de tierra, inventaron la llamada trompa, de gran utilidad en la guerra, que tomó de ellos el nombre de trompa tirrénica. Crearon también la dignidad que rodea a cuantos tienen el poder, proporcionándoles lictores, silla de marfil y toga orlada de púrpura, y en sus habitaciones introdujeron la invención del peristilo, una estructura útil para evitar las molestias causadas por una servidumbre ruidosa; la mayor parte de estas invenciones fueron imitadas por los romanos, que las desarrollaron convirtiéndolas en mejores y las transfirieron a sus instituciones políticas. Las letras y el estudio de la naturaleza de los dioses fueron disciplinas que llevaron al más alto nivel de perfección, y más que ningún otro pueblo elaboraron el arte de la adivinación por la observación de los rayos. Es por esto por lo que, todavía en los tiempos actuales, los que dominan casi todo el mundo, admiran a estos hombres y se sirven de ellos para interpretar los deseos divinos expresados por medio de los rayos. Ocupan un país que produce todo tipo de cosechas y, como lo trabajan intensamente, tienen frutos en abundancia, que garantizan no sólo el abastecimiento, sino que también les proporcionan gozo y lujo. En efecto, dos veces al día preparan mesas suntuosas con todo tipo de cosas apropiadas para el lujo excesivo, las klines las adornan con mantos bordados, varios tipos de copas de plata y tienen a su disposición un número considerable de sirvientes, algunos de ellos de rara belleza, mientras que otros van vestidos más lujosamente de lo que cabría esperar de su condición de esclavos. Entre ellos tienen habitaciones particulares, de todo tipo, no sólo los magistrados, sino la mayoría de los hombres de condición libre. En general, han perdido la valentía que sus antepasados intentaban emular desde los tiempos antiguos, puesto que se pasan la vida bebiendo y en divertimentos poco dignos de hombres, de este modo es lógico que hayan perdido la celebridad de sus padres en la actividad bélica. Entre los factores que contribuyen a su lujo no ocupa el último lugar la fertilidad de la región. En efecto, dado que ocupan un territorio que produce todo tipo de cosechas, con un terreno extremadamente bueno, lo que les permite almacenar una gran cantidad de todo tipo de frutos. En general la Tirrenia, cuyo suelo es extremadamente fértil, se abre en extensas llanuras y esta sembrada de pequeñas colinas cultivables; es un país con precipitaciones lluviosas moderadas, que tienen lugar, no solamente en la estación invernal, sino también en el verano.

(V,40)

Aunque la enemistad entre griegos y etruscos es indudable, no todas las ciudades griegas de la Magna Grecia albergaron el mismo sentimiento. Así, sabemos por Timeo de Taormina (h. 352-256 a.C.), historiador nacido en Sicilia, que los habitantes de Síbaris mantuvieron fuertes lazos de amistad con los etruscos, dado que compartían con ellos el mismo estilo de vida.

Los romanos también vivieron en constante lucha con los etruscos y en ocasiones fueron dominados por ellos, como parece desprenderse del hecho de que tres monarcas de origen etrusco (Tarquinio Pisco, Servio Tulio y Tarquinio *el Soberbio*) ocuparon el trono de Roma al final de la monarquía, y otras veces fueron ellos los que les dominaron, como queda patente en las largas guerras que desde la época monárquica enfrentaron a etruscos y romanos, y que sólo acabaron a finales del siglo IV a.C. Sin embargo, y a pesar de este largo enfrentamiento, la opinión que los romanos tenían de los etruscos no era tan negativa como la de los griegos.

Para Tito Livio, los etruscos eran el pueblo más numeroso y mejor armado de los existentes en Italia en la época de la monarquía (I,20), y destacaban sobre cualquier otro en la habilidad en la celebración de los ritos religiosos (V,1); además, es sabido que los propios romanos se sentían herederos de muchas de las tradiciones etruscas, que influyeron en gran medida en aspectos de la religión, el arte, la cultura y la organización política de la Roma antigua.

Evolución histórica de los etruscos

Tanto si se considera a los etruscos un pueblo autóctono de Italia, como si se hace de ellos unos emigrantes que llegaron en busca de una nueva patria, lo realmente cierto y totalmente histórico es que su civilización fue contemporánea de la gran colonización griega, que en el siglo VIII a.C., afectó a las costas del sur de Italia y de Sicilia. En esta época, en un territorio comprendido entre los Apeninos, el Tíber y el Tirreno, precisamente el mismo territorio en el que había alcanzado su máximo auge la cultura villanoviana, aparecen numerosas ciudades, con todas las características propias de este nombre (muralla, acrópolis, templos y necrópolis), que al modo griego se convirtieron en florecientes estados independientes.

La cultura villanoniana toma su nombre de una pequeña localidad próxima a Bolonia, donde se realizaron los primeros hallazgos materiales de esta cultura que se desarrolló durante la Edad del Hierro; posee como elemento diferenciador de otras de la zona el empleo de la incineración en las prácticas funerarias. Su zona de expansión fue el norte de los

Apeninos y Emilia-Romaña, lo que luego será, como decíamos, el ámbito geográfico etrusco. Es la principal de las culturas del hierro en Italia, hasta el punto de que todas las demás pueden considerase básicamente variaciones de ella.

Una característica muy particular es el tipo de hábitat que crean, muy disperso, con pequeños poblados formados por unas pocas cabañas, de variados tamaños, pero nunca excesivamente grandes. Probablemente este tipo de hábitat estaba en relación con la explotación de los recursos naturales. Eligen lugares elevados, bien abastecidos de agua y con buenas tierras de labor, para asentar las poblaciones. La altura, como es sabido, es un buen método de defensa.

Pero son las necrópolis las que nos ofrecen una información más exhaustiva. Esencialmente son grandes campos de urnas, semejantes a los *Urnenfelder* (Campos de Urnas), en los que las sepulturas están excavadas en el suelo o en la roca; tienen forma de pozo en cuyo interior se coloca la urna con las cenizas del difunto. Esta última tiene forma bicónica con decoración incisa de formas geométricas y va coronada por una tapa con claras connotaciones sexuales: en forma de casco para los hombres y de cuenco para las mujeres. En algunas regiones de Etruria meridional, la urna bicónica es sustituida por otra en forma de cabaña. Los ajuares que acompañan a la urna están compuestos por objetos personales: fíbulas para sujetarse las vestimentas, navajas de afeitar para el aseo personal y una gran cantidad de pequeños objetos de pasta vítrea.

A la hora de referirnos al desarrollo histórico de Etruria podemos establecer que se produjeron tres fases netamente diferenciadas: una de formación, otra de debilitamiento y una tercera de franca decadencia.

Formación y desarrollo

A esta primera fase se le puede atribuir una cronología que va entre los siglos X y VI a.C., con un primer estadio en

Casco etrusco de bronce. Tumba I de Poggio dell'Impiccato (Tarquinia) siglo VIII *a.C. Museo Arqueológico de Florencia. (Foto: Gli Etruschi. Bompiani.)*

el que poco a poco se van configurando las ciudades etruscas hasta que en el siglo VIII a.C., dieron inicio a su proceso de expansión.

En Etruria es donde se va a producir en época más temprana la concentración de población y donde el aumento demográfico de finales de la Edad del Bronce en lugar de producir el aumento de núcleos poblacionales lo que provoca es el crecimiento de los existentes, que se convierten en más populosos, extensos y mejor organizados. Así, es muy probable que antiguos poblados villanovianos se convirtieran en el embrión de las futuras poblaciones etruscas. Veyes, Cerveteri, Tarquinia, Vulci, Orvieto, Vetulonia, Chiusi y Volterra arrancan ya su singladura histórica en esta temprana época.

A partir del siglo VIII a.C., las ciudades etruscas estaban agrupadas ya en una liga de doce ciudades: Populonia, Vetulonia, Rosellas, Tarquinia, Caere, Volterra, Arezzo, Cortona, Chuisi, Perugia, Volsini y Veyes, todas ellas comprendidas entre los cursos de los ríos Arno y Tíber.

Esta dodecápolis, que no tenía una cabeza visible, al menos que nosotros sepamos y que, además, en ningún momento formó una unidad política, inició su proceso de expansión, en primer lugar por vía marítima, alcanzando su dominio a las islas de Córcega y Cerdeña y por la costa italiana hasta la desembocadura del río Sele. Fue una época en la que los etruscos se convirtieron en una auténtica potencia naval, gracias a algunos avances técnicos como la invención de los *rostra* para los barcos, o el ancla, lo que les llevó a realizar expediciones de saqueo hasta Braurón, Samos, donde robaron la estatua de Hera, e incluso a Atenas. En Occidente se aventuraron hasta Baleares, algunos lugares de la costa peninsular ibérica y la arqueología confirma su presencia incluso en el Atlántico.

Sin lugar a duda, los grandes adversarios de los etruscos fueron los griegos, ya que ambos pueblos perseguían los mismos fines: el control y la explotación directa de los recursos naturales de las zonas que colonizaban. Este antagonismo, producido por la coincidencia de intereses, llevó a los primeros a aliarse, en muchas ocasiones, con los cartagineses, que también tenían disputas comerciales con los griegos.

La expansión terrestre fue pareja a la marítima y los etruscos llevaron a cabo su avance en dos direcciones: hacia el Lacio y una parte de la Campania, al sur del Tíber, unas veces de modo directo, con la creación de ciudades como Capua, Nola, Nocera y Pompeya, que hacían la competencia a las colonias griegas y otras de modo indirecto, con la imposición, a la cabeza de las ciudades, de dinastías de origen etrusco, como sucedió en la misma Roma. La otra vía de expansión terrestre fue hacia el norte, a través de los valles de los Apeninos, hasta llegar a la llanura Padana, donde fundan Felsina (Bolonia) y hasta la costa del Adriático, con la fundación de Spina. Emilia, zonas al norte del Po y las proximidades de Milán, donde fundan Melpo, vieron asentarse en sus territorios gentes etruscas.

A finales del siglo VI a.C., los etruscos dominaban una amplia zona que iba desde el Tirreno al Adriático y, desde más allá del Po por el norte, a la Campania por el sur. Llevando además su influencia a zonas del Lacio, Umbría y Piceno, poniendo las bases de una unificación cultural que luego aprovecharon los romanos.

Debilitamiento del poder etrusco

Una serie de factores externos e internos se coaligaron para que el poder etrusco comenzara, a finales del siglo VI a.C., su inexorable declinar.

Con la victoria militar en Alalia (540 a.C.) sobre los focenses, guerra surgida a consecuencia de la factoría homónima que éstos últimos fundaron en Córcega en el año 546 a.C., los etruscos habían alcanzado, en unión de los cartagineses, su momento de máximo poder marítimo. Dominaban con seguridad el Tirreno, al que imponían sus leyes y su diplomacia, obligando a los piratas a alejarse de la zona. Pero según iba concluyendo el siglo esta situación cambió paulatinamente.

La influencia etrusca en el Lacio comenzó a debilitarse, prueba de ello es la expulsión de la dinastía etrusca de Roma en el año 509 a.C., pero sobre todo la derrota en la batalla de Cumas, en la que se enfrentaron a la flota de Hierón de Siracusa (474 a.C.), supuso el comienzo de la decadencia. Fue una derrota que debilitó considerablemente la presencia etrusca en el Tirreno, cuyas costas de nuevo se vieron amenazadas por los piratas, que volvieron a llevar a cabo sus acostumbradas razzias. El aumento del pillaje tuvo enormes consecuencias en la economía etrusca, que en buena medida se basaba en el comercio marítimo. La situación se agravó aún más cuando en el año 454 a.C. Siracusa atacó la isla de Elba, en busca de sus riquezas mineras, hierro fundamentalmente y las costas de Córcega. En el año 421 a.C., Capua, colonia etrusca en el corazón de Campania, prácticamente aislada tanto por mar, al haberse interrumpido los viajes etruscos a esta zona, como por tierra debido a la presión de los pueblos itálicos que cortaban la comunicación con el Lacio y con Etruria, fue conquistada por los samnitas. En el año 396 a.C., tras diez años de guerra, se pierde también la etrusca Veyes, que es conquistada por Roma. En el año 384 a.C., de nuevo los siracusanos, esta vez conducidos por Dionisio I, saquean por enésima vez Córcega y Elba, llegando hasta el santuario de Pyrgi. A pesar de todo esto, las ciudades etruscas del interior, sobre todo las padanas, no se vieron excesivamente afectadas por la indudable decadencia que estaba sufriendo el poder etrusco en el Tirreno, pero la crisis era cada vez más evidente, sobre todo cuando los intereses etruscos comenzaron a toparse con las ansias expansionistas de la emergente Roma.

Decadencia etrusca

La decadencia etrusca da comienzos a finales del siglo v a.C., cuando, sin apenas poderse recuperar, se encontraron envueltos en sucesivas guerras y enfrentamientos con distintos pueblos. Romanos, celtas y griegos presionaron desde diferentes frentes y las ciudades etruscas no supieron dar una respuesta unitaria al peligro que les llegaba desde fuera. En el año 391 a.C. Siracusa reemprendió sus afanes expansionistas en las costas del Tirreno. La amenaza celta cristalizó en el año 390 a.C., cuando los galos incluso llegaron hasta Roma provocando que la ciudad del Tíber se aliara con Caere, que dio refugio a los objetos sagrados utilizados en el culto, a sacerdotes y a vestales, hecho por el cual Roma concedió posteriormente a los habitantes de Caere la ciudadanía romana, pero sin derecho a voto (*civitas sine suffragio*), pero sí posibilitaba los matrimonios entre los habitantes de ambos núcleos urbanos, lo que también fue motivo de que el resto de las ciudades etruscas aislaran a Caere por su amistad con Roma.

De entre las débiles ciudades etruscas surgió con cierta fuerza Tarquinia, que en la primera mitad del siglo IV a.C., fue la práctica dominadora de la Liga etrusca, hecho que la llevó al enfrentamiento con Roma, que continuaba con su expansión peninsular conquistando Sutrium. En el año 358 a.C., la alianza entre Tarquinia y Caere, que ya había abandonado la amistad con Roma, con el apoyo de los faliscos, obtuvo algunos éxitos frente a los romanos, reconquistando Sutrium, pero tan sólo cuatro años después, en el año 354 a.C., Roma salió victoriosa y conquistó Caere, llegándose poco después a un estancamiento de posiciones que condujo, en el año 351 a.C., a que se firmara una tregua que duró cuarenta años.

Durante ese período los celtas se adueñaron de la llanura padana y, en el 310 a.C., estalló de nuevo el conflicto entre las ciudades etruscas, encabezadas por Volsini y Tarquinia, con Roma. El período de tregua había servido a los romanos para consolidar su influencia en Campania, aliándose con numerosas ciudades, entre las que destacaba la otrora etrusca Capua. Los etruscos fueron derrotados en sucesivas ocasiones por los romanos, que guiados por el cónsul Quinto Fabio Rulliano, alcanzaron el corazón de Etruria (308 a.C.), sometiendo numerosas ciudades, entre ellas las cabecillas Volsini y Tarquinia, además de Vulci, Perugia, Cortona y Arezzo. A lo largo del siglo III a.C., los intentos de rebelión etrusca, para sustraerse del cada vez más creciente poder romano fueron constantes y a la vez infructuosos. En el año 295 a.C. fueron derrotados en Sentino; en el año 285 a.C., una coalición galo-etrusca fue de nuevo derrotada, sometiéndose a Roma otro considerable número de ciudades, a las que, teóricamente, los conquistadores garantizaban su independencia; en el año 265 a.C. las clases altas de Volsini solicitaron la ayuda de los romanos para someter una revuelta servil, lo que fue aprovechado por Roma para destruir la ciudad y trasladar a sus habitantes a una nueva sede (Bolsena); en el año 225 a.C., las ciudades etruscas se alían con Roma para enfrentarse a una nueva invasión gala, que es detenida en Talamón. A partir de entonces los etruscos permanecieron más o menos fieles a la alianza con Roma hasta que, en el año 89 a.C., la *Lex Iulia* les concedió la ciudadanía de pleno derecho.

CAPÍTULO III

La civilización etrusca

La lengua

La lengua etrusca también es una de las incógnitas más sobresalientes de este pueblo; ya Dionisio de Halicarnaso, en su *Antigüedades etruscas* cuando escribe sobre los etruscos diciendo que no cree que fueran una colonia lidia, puntualiza:

«[...] puesto que sabemos que es una nación antiquísima y no se asemeja a ninguna otra por la lengua ni por sus costumbres.»
(I,30,3)

La investigación durante años ha mantenido las dificultades que tenía el desciframiento de la lengua etrusca, hasta el punto de que muchos científicos sostenían que era totalmente indescifrable. Durante los últimos años estas posturas están siendo revisadas y existe una corriente, cada vez más numerosa, que aboga por la posibilidad real de llegar a un desciframiento satisfactorio de la lengua etrusca, que pueda dar sentido a las numerosas palabras a las que a lo largo de los años los lingüistas han ido dando un significado concreto: *aisar*, dios; *apa*, padre; *avil*, año; *clan*, hijo; *fler*, sacrificio; *hinthial*, alma; *lautun*, familia; *puia*, mujer; *ruva*, hermano; *spur*, ciudad; *shuthi*, tumba; *tin*, día; *zich*, escribir, etc.

Se están realizando intentos de traducción de textos más largos, algunas de los cuales son bastante fiables, y como ejemplo podemos dar el epígrafe 5874 del *Corpus Inscriptionum Etruscarum*:

«Arnth Churcles, Larthal clan Ramthas Nevtnial, zilc parchis amce marunuch apurna cepen tenu, avils machs semphalchls.» (Arnth Churcle, hijo de Larthal y de Tamtha Nevtni, fue pretor urbano y sacerdote del colegio de los maronis, de 75 años, ha muerto).

La lengua etrusca se apoya en un alfabeto que fue introducido en la Italia central por los colonos euboicos en torno al siglo VIII a.C., integrado por veintiséis letras, uno de cuyos primeros ejemplos es la tablilla de marfil encontrada en Marsiliana d'Albegna (Grosseto), aunque en este primer ejemplo, cuatro de los veintiséis signos no aparecen representados: «b», «d», «s» y «o». La grafía de alguno de los signos dio lugar a que aparecieran dos variantes, el etrusco arcaico meridional y el etrusco arcaico septentrional.

Como norma general el etrusco va escrito de derecha a izquierda, contrariamente a lo que sucede con el latín y el griego clásico, pero igual que muchas lenguas orientales como el hebreo o el fenicio. En los textos más antiguos existe la dificultad añadida de que no existe separación entre las palabras, pero a partir del siglo VI a.C. comienzan a aparecer interpunciones, en forma de un punto o de dos, uno sobre otro, entre ellas lo que facilita enormemente la labor de identificación de los vocablos. En algunas ocasiones han aparecido interpunciones entre las sílabas de una misma palabra. Asimismo se han podido constatar diferencias ortográficas entre las ciudades de Etruria meridional y Etruria septentrional.

El problema de la interpretación del etrusco no parece que estribe en la identificación de los signos, algo a lo que se ha llegado a un cierto acuerdo, sino en el hecho de que la lengua

Láminas de Pyrgi, siglo V a.C. Museo de Villa Giulia, Roma. (Foto: Gli Etruschi, Bompiani.)

que reflejan no parece estar emparentada con ninguna de las antiguas o modernas con las que se ha intentado llevar a cabo un análisis comparativo.

La interpretación fonética se ha logrado gracias a los signos utilizados en las inscripciones en lengua etrusca partiendo de la hipótesis de que éstos son equivalentes a los del alfabeto greco-occidental que les sirve de modelo; así, el símbolo «A» etrusco, sería equivalente fonéticamente a la «α» griega o la «a» latina. Existen otra serie de datos que apoyan esta teoría: así, en las inscripciones etruscas existen determinados signos que indican la desinencia *–s* del genitivo; también se han encontrado algunas variantes geográficas, que sin embargo, dan idéntico sonido, así en Perugia *arnvial* y en Chiusi *arnval,* producen el mismo sonido: *arnt'al;* finalmente, a este respecto es importante también la trascripción al etrusco de nombres o palabras griegas o viceversa, así el vocablo griego αϊσάφ da en etrusco *aivas,* y el latino *Folnius,* produce en etrusco *fulni.*

A todas estas dificultades se añade un problema más y es el de que la inmensa mayoría de los textos en lengua etrusca que han llegado hasta nosotros son extremadamente breves, apenas media docena de palabras de media, lo que sin duda supone un grave inconveniente a la hora de profundizar en el estudio sistemático de la lengua etrusca. La mayor parte de estos textos, en torno a los 7.500, están recogidos en los grandes catálogos epigráficos como el mencionado con anterioridad *Corpus Inscriptionum Etruscarum*. Otro inconveniente añadido es la ausencia de textos literarios desconocidos hasta el momento, pero que en un futuro podrían salir a la luz gracias a la incesante labor de la arqueología.

A pesar de ello sí han llegado hasta nosotros algunos textos algo más extensos con información variada.

Es el caso del cipo de Perugia, un mojón de forma rectangular de mármol travertino, encontrado en los alrededores de Perugia y que se encuentra depositado en el Museo Arqueológico de la ciudad. En la parte frontal están grabadas 24 líneas y 22 más en la otra superficie, con un total de 128 palabras. Se trata de un texto, que se puede fechar en el siglo II a.C., de carácter jurídico relativo a temas de propiedad entre dos familias, una de Chiusi y otra de Perugia, los *Velthina* y los *Aftuna*.

A): Como árbitro habla Larth Rezuś: ha sido hecho el contrato entre la familia Velthina y la de los Afuna relativo a las posesiones según el derecho etrusco; como son los XII naper de los Velthina precisamente pero... en derecho. Disposiciones:

En cuanto al territorio de Aule Velthina, hijo de Arzna (?), cede voluntariamente un cenu, y en cuanto a la posesión de Larth Afuna, del hijo (de...), es repartido en común.

Todos los bienes inmuebles en la parte inferior del lugar se dividen en 5 naper y 2 śran; los 6 naper, lindantes a los 5, estos recibe Afuna.

Velthina, sin embargo, las construcciones levantadas por el mismo Velthina, las conservará legítimamente.

Aquel monumento sepulcral propio de los Velthina, según el derecho etrusco lo cede Afuna; según este derecho etrusco en toda la cripta, lo deja y lo abandona. Los 3 naper allí hare utuśe.

B): Velthina por derecho posee lo que hay en los alrededores de la tumba estable (?), lo que (se encuentra) en la cripta (y) en la memoria (de piedra). Velthina hará, dejará, cederá por derecho. Del noble Afuna es el cipo. Velthina y Afuna acuerdan todo según esta convención final que hacen, como esta sentencia ha (pre)scrito.

(Trad. G. y L. Bonfante)

De carácter jurídico es también el *liber linteus*, un calendario ritual conocido asimismo como la Momia de Zagreb, al haber sido reutilizado como vendas para una momia, y cortado en doce recuadros rectangulares, con 34 líneas cada uno, de los que solamente se conservan algunos de ellos, por lo que el texto tiene grandes lagunas. En total son 230 líneas las conservadas que contienen 1.350 palabras. La momia fue encontrada en Egipto y llevada a Hungría por Mihail de Brariae. Él mismo fue el primero en darse cuenta que algunas de las vendas contenían un texto escrito con tinta negra. Los primeros estudios se realizaron en 1892, y desde 1947 la momia está depositada en el Museo Arqueológico de Zagreb. Los especialistas han establecido que el texto contiene una serie de preceptos religiosos y ceremonias en honor de los dioses que se deben realizar en determinados días, algo muy habitual en las zonas de Volterra, Perugia, Crotona y del lago Trasimeno. Por el tipo de escritura se ha podido fechar en torno al siglo I a.C., pero la presencia de numerosos arcaísmos ha llevado a suponer que se trata de una copia de un original datable en el siglo V a.C.

También como calendario ritual puede clasificarse la llamada «Tegola di Capua» conservada en el Museo de Berlín. Se trata de una placa de terracota de 50 × 60 encontrada en 1898 en la necrópolis de Santa María de Capua Vetere con 62 líneas de grafitos de las que más de la mitad son ilegibles, y en las que se han individualizado casi 400 palabras. Al igual que en el caso anterior el texto recoge la obligatoriedad de celebrar una serie de ceremonias, en honor de ciertos dioses, en días preestablecidos y en determinados lugares. En opinión de Mauro Cristofani el tipo de escritura se encuadra dentro de la variante meridional y se puede fechar en torno al año 470 a.C., al menos esa es la fecha en la que se realizó esta copia, aunque, según él, el texto original es mucho más antiguo y el calendario que recoge, sin duda, es de época arcaica. Opina que el calendario estaba dividido en diez secciones que se corresponderían con los diez meses del calendario primitivo, que da inicio con el mes de marzo (*velxitna* en etrusco). Este calendario es muy semejante al que tuvieron los romanos en su origen y es al que el rey Numa añadió los meses de enero y febrero, algo que es confirmado por Censorino en *De die natali*, 20,30:

«Ellos decían que los meses habían sido diez; como en un tiempo sucedía entre los albanos, de los que descendían los romanos. Aquellos diez meses (de los albanos) tenían en total 304 días, así distribuidos marzo 31, abril 30, mayo 31, junio 30, quintilis 31. sextilis y septiembre 30, octubre 31, noviembre y diciembre 30».

Después del *liber linteus* y de la «Tegola di Capua», la *Tabula Cortonensis,* encontrada en Cortona, en 1992, es el texto etrusco más extenso de los llegados hasta nosotros, con unas 40 líneas. Se trata de una placa de bronce de aproximadamente 30 × 50 y de un espesor medio de 2 a 3 milímetros, rota en ocho fragmentos, uno de los cuales se ha perdido, que los investigadores han fechado entre los siglos III-II a.C. Se han llevado a cabo varios intentos de traducción, sin embargo los resultados no han sido nada satisfactorios, dado que las traducciones propuestas tienen poquísimos puntos de concordancia. Así, para los primeros que se enfrentaron al tema, L. Agostiniani y F. Nicosia se trata de un texto que contiene una transmisión de terrenos entre la familia *Cosu*, de la que formaba parte Petru Scevas, por una parte y un grupo de quince personas por otra. En opinión del profesor Agostiniani se trataría, en definitiva, del acto de venta de un terreno por parte de un latifundista a un grupo de pequeños propietarios. Ésta parece ser la tesis más aceptada hasta el momento. Es importante reseñar que en ella aparece la fórmula de datación por epónimos, algo que por primera vez aparece en Etruria septentrional. El primero de los personajes que aparecen en el elenco final, tal vez los garantes de la venta, aparece acompañado del cargo que desempeña; se trata del *Zilath Mel Rasnal*, el magistrado supremo etrusco, fórmula que también se documenta por primera vez en Etruria septentrional. A este magistrado acompañaban como garantes los hijos y nietos de las dos partes. La traducción que propone Agostiniani para este importante documento es la siguiente:

A): $_{1}$*Esto es de Petru Scevas el olivarero: la viña* $_{2}$*y la casa valorados en diez talentos; es posesión de la familia* $_{3}$*Cusonia, que es descendiente de Laris, y la finca del Lago valorada en talentos* $_{4}$*seis y diez décadas. Vecino al mismo Lago también cuatro yugadas y media en la* $_{5}$*medida etrusca son para él, posesión de Petru, en compensación de la entrega* $_{6}$*dentro del mes dos talentos consistentes en alimento y dinero * $_{7}$*Éste es el valor exacto de la posesión de la familia Cusonia* $_{8}$*y la de Petru Scevas. \\ han sido peritos Lart Petronio,* $_{9}$*Arunte Pinio, Lart Uipio Lusco, Laris Salinio* $_{10}$*de Uetinia, Lart Uelario de Lart, Lart Uelario* $_{11}$*de Aulo, Uel Pomponio Proco, Aulo Celatio de* $_{12}$*Settimina, Aruntino Felsino de Ueltinia, Uel Loesio* $_{13}$*Lusco, Uel Usulenio de Nufrio, Laron Slanzon, Lartino* $_{14}$*Lartillio, Uel Usilenio, Arunte Petru Rufo \\ Los aceptadores* $_{15}$*han sido Vulca Cusone de Laris y los hijos Laris* $_{16}$*Cusone, los descendientes de Laris, y Larino, hijo de Laris, Petru* $_{17}$*Scevas, Aruntilia, mujer de Petru;* $_{18}$*ellos han firmado el escrito del presente documento. Todo ello* $_{19}$*en la casa de la familia Cusonia ha sido otorgado por este* $_{20}$*notario y según la ley depositado en su casa. Tullia Telutia madre, de este modo* $_{21}$*el documento en dos copias ha dejado a la familia Cusonia,* $_{22}$*la descendiente de Laris, y* *a Petru Scevas, según el derecho de herencia Tracontiano.* \\ $_{23}$*Esto lo observan y lo controlan Lart Cucrinio de Larusio* $_{24}$*Pretor de la Federación Etrusca, Laris Celatio Lausio* $_{25}$*y el hijo Arunte Luscenio de Arunte y el hijo Lartino,* $_{26}$*Lart Terminio de Salina, [Larth Celatio* $_{27}$*de A]ponia y el hijo Vulca (...) [y el nie]to* $_{28}$*Vulca Cusone aquel descendiente de Aulo (...)* $_{29}$*y de Aninia, Laris Fulonio (...) y los hijos,* $_{30}$*Lart Peticio de Usulenia (...), [la familia* $_{31}$*Cu]crinia de Tecusenia, Uel (...)* $_{32}$*y Laris Cusone de Usulenia (...).*

B): $_{1}$*Aulo Saliniuo de Cusonia* $_{2}$*(Escrito) bajo el consulado de Lart Cusone de Tinia* $_{3}$*y de Laris Salinio de Aulo, del distrito* $_{4}$*del Trasimeno. Este documento (esta) depositado en la morada (del notario)* $_{5}$*según la ley. La transcipción (al bronce) (es) de Vulca Cusone* $_{6}$*el descendiente de Aulo, de Ueltur Titulenio, descendiente de Uelthur,* $_{7}$*y de Larth Celatio de Aponia y de Laris Celatio* $_{8}$*de Petelina.*

Otro texto etrusco, importante por su extensión, son unas láminas encontradas en el Pyrgi, antiguo puerto de Caere, por Máximo Pallotino en el transcurso de una excavación realizada en 1964. Son tres láminas de oro con un texto inciso, dos (los de las láminas I y III) en lengua etrusca y uno en fenicio, que se pueden fechar a finales del siglo VI o inicios del V a.C. La expectación de que nos encontráramos ante un texto bilingüe, fenicio-etrusco, pronto se vio defraudada, y los especialistas se vieron obligados a reconocer que no se trataba del tan ansiado texto bilingüe; lo más que se podía decir era que, casi con toda seguridad, ambos textos recogían el mismo argumento, un tratado entre Caere y Cartago. En los dos aparecía el nombre de un magistrado de Caere, Thefario Velianio, que es el dedicante de un santuario a Uni. La traducción que propone el profesor Pittau, de la Universidad de Sasari, para los textos etruscos es la siguiente:

Lámina I: *Este thesaurus y estas estatuas pertenecen a Juno-Astarté. Habiendo concedido la protectora de la ciudad a Thefario Velianio dos [hijos] de Cluvenia, (él) ha dado a cada uno de los templos y al tesorero ofrendas en terrenos, por los tres años cumplidos por este regente, ofrendas en sal (?) por la presidencia del templo de esta (Juno) dispensadora de descendientes; y a estas estatuas (sean) cuarenta años (son) los astros.*

Lámina III: *Así Thefario Velianio ha concedido la ofrenda del corriente mes de diciembre a Juno (y) ha realizado regalos (al templo). La ceremonia de los años del thesaurus ha sido la onceava (respecto a) los astros.*

Otro de los textos más destacados, fechable entre los siglos II-I a.C., es el *Hígado de Piacenza*, un modelo en bronce de un hígado de oveja encontrado a finales del siglo XIX en Gossolengo (Piacenza) y, sin duda, el documento religioso etrusco más importante. Su superficie está dividida en cuarenta casillas, y dentro de cada una de ellas aparece el nombre de un dios, entre los que destacan Tin, Uni, Neth, Vetisi, Satres, Ani, Selva, Mari, Futius, Cath, Heroe, Mae, etc. Casi todos ellos tenían su correspondiente en la religión romana. En su conjunto parece relacionado con la *haruspicina*, y debía servir de modelo al *haruspex* para interpretar la voluntad de los dioses en el hígado de las víctimas sacrificadas. Para algunos autores el hígado contiene también una descripción geográfica del mundo.

Menos extenso es el texto contenido en la Estela de Lemnos, treinta y cuatro palabras, pero con una destacada importancia, pues muchos autores ven en ella la confirmación del origen oriental. La inscripción se encuentra sobre una placa de piedra encontrada en la isla de Lemnos y que se conserva en el Museo de Atenas. La estela se puede fechar en torno a mediados del siglo VI a.C., el alfabeto es de tipo griego y la lengua empleada presenta numerosísimas afinidades con el etrusco, hasta el punto de que para muchos la lengua empleada en Lemnos con anterioridad al año 500 a.C., y el etrusco tienen un origen común.

Además de estas fuentes, que podríamos considerar directas, sobre la lengua etrusca, existen otras, llamadas indirectas, que también nos proporcionan valiosas informaciones para el conocimiento del etrusco. Se trata de glosas y otras informaciones que proporcionan de una u otra manera los escritores clásicos; también elementos etruscos pasados al latín; igualmente elementos etruscos que han sobrevivido en la toponimia, y, finalmente, supuestos fragmentos de textos latinos que se supone que originariamente eran textos etruscos.

La organización del Estado

En la mayoría de las ocasiones, se hace difícil, cuando no casi imposible, reconstruir la organización estatal de las sociedades antiguas, sobre todo la de aquellas de las que poseemos un escaso cúmulo de información.

Tradicionalmente se ha admitido, y esto parece lo más correcto, que las distintas ciudades etruscas estuvieron ligadas entre sí por lazos federativos que proporcionaban a todas ellas una cierta unidad nacional. Pero esta federación parece ser que no fue única y existieron tres, llamadas *dodecapolis*, una en Etruria propiamente dicha, otra en la Padania y una tercera en la Campania.

La primera de ellas está atestiguada por los textos de Virgilio (*Aen.* X, 179 y 198) y Tito Livio (IV,23,5 y V,33,9): *Cundió en Etruria el pánico tras la toma de Fidenas… consecuentemente, las dos ciudades enviaron legados a los doce pueblos y lograron que se convocase, junto al templo de Voltumna, una asamblea de toda Etruria; …Los griegos llaman a los mismos mares Tirreno y Adriático y se asentaron en las tierras que dan a uno y a otro mar en doce ciudades*, Dionisio de Halicarnaso (VI,75,3): *¿Pero quiénes fueron los que contribuyeron a conquistar y los que redujeron a vuestra obediencia a toda Tirrenia, país dividido en doce distritos y con un poder superior tanto por tierra como por mar?*, Diodoro Siculo (XIV,113,1-2): *Mientras Dionisio asediaba Regio,* *los celtas estacionados más allá de los Alpes cruzaron los pasos con ingentes fuerzas y ocuparon el territorio que se extiende entre el Apenino y los Alpes expulsando de allí a los tirrenos. Éstos, según algunos se habían establecido procedentes de las doce ciudades de la Tirrenia,* y Estrabón (V,219): *Los tirrenios son conocidos entre los romanos con el nombre de etruscos o de tusci. Los griegos les llamaron tirrenos por Tirreno, hijo de Ati, como cuentan, puesto que este último había enviado desde Lidia algunos colonos a esta zona. En efecto, Ati, uno de los descendientes de Hércules y de Onfale, después de una grave carestía y la falta de casi todos los productos, teniendo dos hijos, después de haberlo echado a suerte, se quedó junto a él con Lido; por otra parte, reuniendo con Tirreno a la mayor parte de la población, los envió con él fuera del país. Una vez llegados a este lugar, Tirreno llamo al país Tirrenia y fundó doce ciudades, asignando como ecista a Tarconte, del que toma el nombre la ciudad de Tarquinia.*

La segunda y la tercera se deduce de varios comentarios de Estrabón (V,242) cuando señala que los pueblos que habitan estas zonas fueron conquistados por los habitantes de Cumas y finalmente derrotados por los Tirrenos y puntualiza: *La llanura, en efecto, fue objeto de muchas contiendas por su fertilidad. Los tirrenos fundaron allí doce ciudades y dieron, a la que puede considerarse como la cabeza de ellas, el nombre de Capua.* Sigue diciendo que los etruscos, cuando decayeron por la molicie, se vieron obligados a abandonar esta tierra, igual que les había sucedido en el valle del Po.

Al igual que en el caso de las anfictionías griegas, parece ser que estas ciudades se agrupaban en tono a un santuario de reputada fama, que ejercía una primacía moral sobre ellas. En el caso etrusco parece ser que en un primer momento esta primacía fue ejercida por el santuario de *Fanum Voltumnae*, donde se celebraban siempre las asambleas de la nación etrusca en caso de peligro:

Comenzaron éstos (T. Quincio Capitolino, Q. Quincio Cincinato, C. Julio Julo, Aulo Manlio, L. Furio Medulino y

M. Emilio Mamerco) *el sitio de Veyes. Hacia los comienzos del asedio se celebró la asamblea de los etruscos, muy concurrida, en el templo de Voltumna, sin que quedara muy claro si se iba a apoyar a Veyes entrando oficialmente en guerra la nación en su totalidad* (Livio IV,61,2). *Durante estos acontecimientos se celebró la asamblea de Etruria en el santuario de Voltumna; a la petición de capenates y faliscos de que todos los pueblos de Etruria con una voluntad y un proyecto común arrancasen a Veyes del asedio, se respondió que eso se les había negado antes a los veyentes, porque a quienes no había pedido parecer en un asunto de tanta importancia, no debían tampoco pedirles ayuda* (Livio VI,17,6-7); *De un lado los volscos, viejos enemigos, habían tomado las armas para borrar el nombre de Roma; de otro, los mercaderes traían noticias de que todos los pueblos de Etruria se habían conjurado en el templo de Voltumna para hacer la guerra.* (Livio VI,2,2)

Tenemos, por tanto, si atendemos a las fuentes greco-romanas, que hablan de los acontecimientos que tuvieron lugar entre los siglos V-III a.C., que los etruscos estaban organizados en una liga o federación de ciudades, que debían celebrar una reunión anual, o al menos en los momentos de peligro o cuando era necesario tomar una decisión que les afectaba a todos, en torno al santuario de Voltumna. En estas reuniones se tomaban decisiones políticas, militares o comerciales. Si bien lo común era que todos los pueblos asistieran a estas reuniones, que probablemente estaban presididas por uno de los sacerdotes del templo, no siempre asistían todos ellos, y las decisiones allí tomadas no comprometían por fuerza a todas las ciudades, les estaba permitido disentir o no adherirse a ellas.

Para algunos autores ésto es la confirmación de que los etruscos adoptaron la forma griega de Estado y a partir del siglo VII a.C. el fenómeno de urbanización y jerarquización llevaron a que una serie de núcleos poblacionales de mayor tamaño se convertieran en verdaderas metrópolis, que a su vez eran las dominadoras de otros núcleos poblacionales más pequeños. En esta dualidad ciudad-campo se ha creído ver también el paralelo con los dos componentes principales de la polis griega en época clásica: *Asty* y *Chora*.

Aunque las fuentes literarias hablan de doce ciudades, éste es un número que la investigación histórica o la arqueología tienen dificultades en aceptar. Dependiendo de las épocas salen más, o menos, y en ocasiones se han hecho verdaderos malabarismos para poder ajustar este número. Con la dominación romana y las reformas introducidas las cosas se complican aún más y sabemos que en época imperial el número de distritos era de quince, si atendemos a la epigrafía que habla de *Praetores Etruriae XV populorum* (*CIL* XI, 1941, 2114, 2115, 2699, XIV, 172), aunque esta división puede tratarse de una reforma de época imperial, lo que podría tener confirmación en el hecho de que el propio emperador Adriano fue *praetor Etruriae*: *Mientras era ya emperador ejerció en Etruria la pretura* (Aelii Spartiani, *de vita Hadr.* 19,1).

La lista de ciudades ha variado de unas épocas a otras, pero existe una, comúnmente aceptada, que estaría formada por Arezzo, Caere, Chuisi, Cortona, Perugia, Populonia, Rosallas, Tarquinia, Veyes, Vetulonia, Volterra, Vulci y Volsini. Trece ciudades que algunos autores han intentado reducir a doce manteniendo que Veyes y Populonia no formaron parte de la *dodecapolis* al mismo tiempo, y que tras la destrucción de Veyes en el año 396 a.C., su lugar fue ocupado por Populonia, que no estaba originalmente entre las ciudades etruscas, dado que podía tratarse de una colonia de Volterra o de los corsos que fue conquistada por los volterranos y que alcanzó poder mucho después de que se hubiese formado la confederación etrusca.

Los datos más abundantes a este respecto son los que los autores clásicos nos proporcionan para la Etruria central. Como hemos visto todos ellos hablan de doce ciudades, pero ninguno de ellos da una lista completa. Así Tito Livio, en IX,37,12 dice que Cortona, Perugia y Arezzo eran las principales ciudades amuralladas etruscas, lo que coincide con las noticias proporcionadas por Dionisio de Halicarnaso.

En otro pasaje, Livio cita a Volsini, junto con Perugia y Arezzo como las ciudades etruscas más importantes (X,37,4). Para Valerio Máximo (IX,1) Volsini estaba a la cabeza de Etruria y Plinio *el Viejo* dice de ella que era una ciudad de Etruria extremadamente rica (II,52,139).

La importancia de Chuisi la señala Tito Livio (II,9) en el marco del enfrentamiento de esta ciudad con Roma tras la expulsión de los Tarquinios: *Nunca hasta entonces el Senado había sido presa de un pánico tan acusado, tan poderosa era a la sazón Chuisi y tan grande el nombre de Porsena.*

Otra de las ciudades, Volterra, la encontramos en el contexto de los enfrentamientos civiles del siglo I a.C., cuando sus fortificaciones lograron detener a las tropas de Sila. Semejantes fortificaciones solamente podían indicar que se trataba de una ciudad destacada en la región que necesitaba de unas defensas adecuadas a su importancia.

Cicerón (*de Rep.* II,19) habla de Tarquinia como ciudad floreciente y Dionisio de Halicarnaso (III,51), en el ámbito de la política expansionista de Tarquinio Prisco, considera ciudades etruscas principales Chiusi, Arezzo, Volterra, Roselas y Vetulonia, cuya importancia ha sido confirmada por las excavaciones realizadas en esta última ciudad.

Veyes es suficientemente conocida por las fuentes y los constantes enfrentamientos con Roma desde la época monárquica. La de Caere nos la proporciona su magnífica necrópolis. Vulci también fue una de las protagonistas de las guerras contra Roma en los siglos IV e inicios del III a.C.

Si ésta es, como decíamos, la lista canónica de la Liga Etrusca cabría preguntarnos qué papel jugaban otras ciudades como Pisa, Falerii, Fiesole, Suano, Sutrium, Fidenas y muchas otras que solamente conocemos sus ruinas. Tal vez, a este respecto, habría que considerar, ante la falta de información fidedigna, los intentos de los autores modernos de poner en paralelo la confederación etrusca con las ligas de ciudades que se desarrollaron en Grecia, forzando de algún modo los testimonios antiguos, dado que los autores clásicos siempre hablan de una liga de doce pueblos, y no de ciudades. En este contexto tendrían cabida muchas más ciudades, que es lo que en el fondo nos proporciona la arqueología.

La organización interna de las ciudades no debía diferir mucho de la que conocemos para las ciudades griegas o para la misma Roma. Sabemos, por ejemplo, que el ritual de la fundación de Roma, tal y como lo ha transmitido la tradición, era de origen etrusco y es descrito a la perfección por Plutarco (*Romulus*, 11):

Dio Rómulo sepultura en el sitio llamado Remoria a Remo y a los que le habían dado la crianza, y atendió luego a la fundación de la ciudad, haciendo venir de la Etruria o Tirrenia ciertos varones, que con señalados ritos y ceremonias hacían y enseñaban a hacer cada cosa a manera de una iniciación. Porque en lo que ahora se llama Comicio se abrió un hoyo circular, y en él se pusieron primicias de todas las cosas que por ley nos sirven como provechosas, o de que por naturaleza usamos como necesarias; y de la tierra de donde vino cada uno cogió y trajo un puñado, que la echó también allí, como mezclándolo. Dan a este hoyo el mismo nombre que al cielo, llamándole mundo. Después (que son los demás ritos) como un círculo describen desde su centro la ciudad; y el fundador, poniendo en el arado una reja de bronce, y unciendo dos reses vacunas, macho y hembra, por sí mismo las lleva, y abre por las líneas descritas un surco profundo, quedando al cuidado de los que le acompañan ir recogiendo hacia dentro los terrones que se levantan, sin dejar que ninguno salga para afuera. A la parte de allá de esta línea fabrican un muro, por lo que, por síncopa, la llaman pomerio, o sea «detrás del muro». Donde intentan que se haga una puerta, quitando la reja y levantando el arado, hacen como una pausa; así los romanos tienen por sagrado todo el muro a excepción de las puertas, porque si éstas se reputasen sagradas, sería sacrilegio el introducir y sacar por ellas muchas cosas o necesarias y no puras.

El origen etrusco del ritual de la fundación de ciudades es confirmado por Festo (p. 285 Lind):

Son llamados rituales los libros en los que está prescrita la ceremonia con la que se deben fundar las ciudades y se deben consagrar los altares y los templos, el carácter sagrado de los muros y cómo abrir en ellos las puertas, y cómo dividir la población en tribus, en curias y en centurias, y cómo formar el ejército, cómo ordenarlo y todas las otras cosas que son pertinentes a la guerra y a la paz.

Es muy probable que en un primer momento al frente de cada una de ellas estuviese un príncipe (que pudo llevar el nombre de *lauchme* o *luchme* que el latín dio *lucumón*) tal y como sucedía en la Roma primitiva en la época monárquica. Este *lucumón* debía pertenecer a la élite aristocrática de la ciudad. Con el paso del tiempo, y al igual que en Roma, estas monarquías debieron convertirse en repúblicas y el príncipe o rey debió ser sustituido por magistrados que se repartían las atribuciones del monarca.

Esclarecedora sobre la organización de la ciudad es la reforma realizada en Roma por Servio Tulio, monarca de origen etrusco, que muy probablemente aplicó en Roma los principios cívicos que regían las ciudades etruscas. Llevó a cabo una serie de reformas de considerable empaque del corpus cívico de Roma, que afectan a la política, a la sociedad y al ejército.

El primer paso fue la sustitución del concepto familiar y gentilicio de la tribu por un concepto administrativo territorial. Así las tres tribus originales pasan a convertirse en veintiuna: cuatro de ellas urbanas y las diecisiete restantes rústicas. La investigación parece demostrar que de las tribus rústicas sólo seis serían creación de época serviana, siendo posteriores las que portan nombre gentilicio.

El segundo paso fue una división timocrática de toda la ciudadanía, tanto patricia como plebeya, en cinco clases censitarias de propietarios. También aquí la investigación moderna discrepa argumentando que estas clases irán apareciendo paulatinamente a lo largo del final de la Monarquía y primeros tiempos de la República, como ya hemos visto en las instituciones militares, cuya organización depende de este sistema.

Un patrimonio de 100.000 ases marca la frontera de la primera *classis* (la única en realidad en este momento), 75.000 para la segunda, 50.000 para la tercera, 25.000 para la cuarta y 12.500 para la quinta. Por debajo están los *infra classem*, que, por no tener suficientes propiedades, son censados por cabeza (*capite censi*) y cuyo peldaño más bajo lo ocupan los que no tienen más riqueza que su descendencia (*proletarii*). La división censitaria por ases es del siglo IV a.C., obra posiblemente de Apius Claudius Caecus, por lo que la clasificación originaria sería, realmente, en función de la extensión de tierra que se posee.

Esta división de la sociedad en clases censitarias hace que cada una de ellas forma parte del ejército en diferente medida y con diferente armamento. La participación de los plebeyos en el ejército implica, pues, el acceso a determinados derechos políticos.

El comicio es reformado por Servio Tulio, organizándose en centurias. Dieciocho centurias de caballería y ochenta de infantería corresponden a la primera clase, veinte centurias a la segunda, tercera y cuarta y treinta a la quinta clase. Los *infra classem* se agrupan en cinco centurias: dos de obreros militares, dos de músicos militares y una de proletarios.

El voto es por centuria, cuyo número total es de 193 de las que 98 (mayoría absoluta) corresponden a la primera clase que, de este modo controla también el comicio centuriado. Este sistema sustituye, en los asuntos más importantes (declaración de guerra, elección de funcionarios, etc.) al comicio curiado.

Las instituciones y las magistraturas

Al igual que sucedió en Roma las ciudades etruscas pasaron por un doble proceso; en una primera época es la aristocracia la plena dominadora de la vida política, con un régimen que estaba cercano a la forma de gobierno empleada en la monarquía romana o la tiranía griega; en una segunda los monarcas o tiranos fueron sustituidos por magistrados colegiados.

Es muy poco lo que sabemos de las instituciones o de las magistraturas etruscas. Por la epigrafía conocemos los nombres de lo que parecen ser magistrados, pero solamente en contados casos podemos saber si realmente esto era así y cuáles eran sus funciones por comparación con las magistraturas romanas.

La monarquía

Una vez más nos encontramos con falta de datos específicos que nos permitan conocer cuál era el carácter exacto de la monarquía primitiva en Etruria. Por Macrobio (*Saturn*, I,15,13) sabemos que los monarcas etruscos, *lucumones*, ejercían el supremo poder judicial y que cada ocho días celebraban audiencias públicas. Desconocemos si la monarquía etrusca tenía carácter vitalicio o si era hereditaria o electiva. Sí sabemos que parte del ritual de investidura del nuevo monarca era semejante al de Roma, así como que los símbolos externos de la monarquía romana fueron heredados de los etruscos.

Así, en el acto de investidura (la *inauguratio* romana) del nuevo monarca jugaba un destacado papel el *augur*, que era el encargado de interpretar la voluntad de los dioses, estableciendo si éstos eran favorables al nombramiento. A continuación el nuevo rey era investido con el *imperium*, algo fundamental para entender el poder casi absoluto, confiriéndole poderes políticos, militares y religiosos. Las atribuciones políticas del rey estaban marcadas, en gran medida, por el carácter autoritario del *imperium*. En consecuencia era dueño tanto de las tierras como de los hombres. Desconocemos si entre los poderes políticos de los monarcas etruscos estaban las atribuciones legislativas. Sabemos que esto no sucedía en la monarquía romana, por lo que es muy probable que tampoco fuera una atribución de los reyes etruscos. Los poderes militares le eran otorgados al rey en virtud del *imperium* que poseía. El *imperium* le capacitaba para conducir las tropas al combate, le convertía en el encargado de recibir los tributos y el botín de guerra, que a veces repartía entre los soldados. No sabemos de la jurisdicción sobre los delitos militares como la traición o la deserción, y tampoco sabemos hasta que punto tenía capacidad de decisión en caso de ser necesario declarar la guerra o concertar la paz, pues estas atribuciones, de tenerlas, debían estar limitadas a las decisiones de la Liga Etrusca tomadas en la asamblea del santuario de Voltumna.

Finalmente el rey debía poseer también unas amplias atribuciones religiosas aunque no sabemos si como en el caso romano era el gran sacerdote de la religión, intermediario entre los hombres y los dioses, o bien éstas dependían de sacerdotes específicos.

Una importante aportación de los etruscos son los distintivos del poder, adoptados, como ya hemos dicho, posteriormente por los romanos. Estos distintivos eran el cetro de marfil coronado por el águila, la silla curul, la corona de oro, el manto púrpura y los *lictores* que le precedían, siendo éstos los encargados de portar el hacha y las fasces. Probablemente la ceremonia del triunfo bien conocida entre los romanos, en la que el rey era identificado con la divinidad, también fue una aportación etrusca. A este respecto es importante la información que nos proprociona Dionisio de Halicarnaso (III,61,1-2):

Con estas respuestas los embajadores partieron y a los pocos días regresaron trayendo no sólo meras palabras, sino también los símbolos del poder que utilizaban para adornar a sus propios reyes. Éstos eran una corona de oro, un trono de marfil, un cetro con un águila situada en su cabeza, una túnica púrpura decorada con oro y un vestido recamado de púrpura como el que utilizan los reyes de Lidia y Persia, excepto que no era de forma rectangular sino semicircular. Este tipo de vestido es llamado toga por los romanos y tebenana por los griegos (no sé de dónde han tomado el nombre pues no me parece griego). Según algunos cuentan también le entregaron las doce hachas, trayendo una de cada ciudad, pues parece ser una costumbre tirrenia que cada uno de los reyes de cada ciudad sea precedido por un lictor que lleva un hacha junto con un haz de varas. Pero si se produce una expedición conjunta de las doce ciudades las doce hachas se entregan a uno sólo que toma el poder absoluto.

La historiografía greco-romana nos ha proporcionado el nombre de algunos de estos reyes etruscos, si dejamos de lado los últimos tres monarcas de Roma (Tarquinio *el Antiguo*, Servio Tulio y Tarquinio *el Soberbio*), cuyo origen etrusco es innegable, quizá el más famoso de todos fue el rey de Chuisi, Porsena, que vivió en época de Tarquinio *el Soberbio*, y tras ser éste último expulsado de Roma intento restablecerle en el trono, sin conseguirlo, por la fuerza de las armas. Para algunos autores, los primeros cónsules de Roma estuvieron bajo la supervisión de Porsena o eran simples prefectos suyos. Por Virgilio conocemos al rey de Caere, Mecencio; Aulestes en Peruguia; en Veyes conocemos a Morrius, Thebris que pudo ser el encargado de prestar su nombre al río Tíber, Propercio, y el más famoso de todos, Lars Tolumnius, al que dio muerte Cornelio Coso según rezaba en una lápida colgada en el año 428 a.C. el Templo de Jupiter Feretrio y que todavía era visible en época de Augusto. La importancia de la familia Tolumnia en Veyes debió ser destacada, pues ya han aparecido varias lápidas que contienen este nombre, relativas a distintos personajes muy ligados a la vida ciudadana, incluso después de que cayera la monarquía en las ciudades etruscas.

Las magistraturas

Como ya hemos dicho, de un modo semejante a lo que sucediera en Grecia con las tiranías y en Roma con la monarquía, en las ciudades etruscas el régimen monárquico fue sustituido por otro republicano de carácter oligárquico. No sabemos cuál fue el momento en el que se produjo el cambio, pero sí que en el siglo IV a.C., está ya plenamente implantado. Es probable que la transición se produjera en la misma época en la que cayeron las tiranías en Grecia y la monarquía en Roma, o muy poco después, pues sabemos que el último rey de Roma se refugió en la corte de Porsena, por lo que las monarquías etruscas debieron sobrevivir por algún tiempo más. Incluso sabemos que en algún caso, como en el de Veyes, tras un breve período republicano se volvió a restaurar la monarquía:

En cambio los habitantes de Veyes, cansados de las campañas electorales de cada año, que, de cuando en cuando, eran motivo de discordias, eligieron rey. Esta circunstancia desagradó a los pueblos de Etruria, menos por hostilidad hacia la monarquía que hacia la persona del rey.

(Livio V,1,3)

Existe un hecho, sin embargo, que marca algunas diferencias con Roma. No tenemos ningún dato que confirme que la abolición del sistema monárquico en las ciudades etruscas, suponga el triunfo de cualquier tipo de movimiento democrático. El poder quedó en manos de la aristocracia, solamente ellos accedían a las magistraturas, y no tenemos noticias, excepto dos breves referencias para Faleri y para Tarquinia, de que existiera ningún tipo de asamblea popular que regulara o sirviera de cortapisa a su poder. La única que conocemos, con el nombre de *purz*, es la que se celebraba anualmente en el santuario de Voltumna, a la que, sólo asistían los dirigentes de cada una de las ciudades de la Liga. Esta asamblea probablemente tenía lugar en primavera y estaba ligada a grandes fiestas religiosas en las que se elegía el sacerdote supremo entre los príncipes asistentes:

Éste, desde hacía tiempo, era ya odioso a la nación etrusca por su prepotencia y su soberbia, porque en una ocasión había interrumpido

la celebración de los juegos solemnes llevando a cabo un auténtico sacrilegio irritado por el rechazo que suponía el que otro hubiese sido preferido para sacerdote en una votación de los doce pueblos; en aquella ocasión, sin ningún aviso, retiró a los actores, que mayoritariamente eran esclavos suyos, en medio de la representación.
(Livio, V,1,4-5)

Estas dos referencias de asambleas populares en ciudades etruscas son mencionadas, la primera por Dionisio de Halicarnaso (V,3,1-2) cuando habla de la caída de la monarquía en Roma: *Tarquinio, después de su expulsión del trono... renunció a recibir ayuda de ellas y se refugio en la ciudad tirrena de Tarquinia, de la que procedía la familia de su madre. Después de sobornar con regalos a los magistrados de Tarquinia y ser conducido por su mediación ante la asamblea, recordó el parentesco que le unía a la ciudad.* La segunda es para Faleri en una vaga mención de Livio (V,27,11) cuando comenta que la lealtad romana durante la guerra falisca y la generosidad de Furio Camilo fue comentada en el foro y en la curia y se decidió entregar la ciudad, esto parece indicar que en esos momentos estaba reunida en el foro algún tipo de asamblea.

Fueron solamente unas pocas familias las que se repartieron los cargos políticos y religiosos, y a ellas se debe la construcción de magníficos túmulos funerarios, como los de la necrópolis Cerveteri, o las suntuosas tumbas subterráneas de Tarquinia, repletas de exquisitas pinturas, con valiosas informaciones sobre la vida cotidiana y la religión etrusca.

La presión de la oligarquía era tan fuerte, que en ocasiones a las masas populares la única salida que les quedó era la sublevación como en el caso de Volsini, donde en la primera mitad del siglo III a.C., se produjo una revuelta en la que las masas populares se arrogaron todos los derechos, forzaron las puertas del Senado, que estaba formado únicamente por aristócratas y se adueñaron del poder hasta que Roma, a la que habían solicitado ayuda los nobles de la ciudad, puso fin a la situación. Esto es algo que se repitió en otras muchas ciudades etruscas, y la actuación de Roma siempre fue la misma: acudir en ayuda de la oligarquía. Este hecho parece demostrar el escaso papel político del pueblo en las repúblicas etruscas.

La información que tenemos sobre las magistraturas etruscas procede de tres fuentes diferentes. Por un lado los datos que nos proporcionan las fuentes literarias clásicas greco-romanas; por otro el importante cúmulo que nos proporciona la epigrafía etrusca y, finalmente, la procedente del estudio iconográfico de sarcófagos y urnas.

Atendiendo a nuestra primera línea de información, queda claro en los textos literarios greco-romanos que todos los derechos políticos y las supuestas conquistas democráticas, quedaron en manos de las oligarquías de las ciudades etruscas. Incluso en la época en la que sabemos con certeza que las monarquías etruscas ya habían dejado de existir, los dirigentes de las ciudades reciben el nombre de príncipes y son comparados con los magistrados samnitas:

Cuando se echaban encima los comicios consulares surgió el rumor de que etruscos y samnitas estaban alistando enormes ejércitos; que en todas las asambleas se recriminaba abiertamente a los príncipes etruscos por no haber arrastrado a los galos a la guerra; se censuraba a los magistrados samnitas por haber enfrentado a los romanos el ejército preparado para hacer frente a los lucanos; que, consiguientemente, el enemigo se levantaba en guerra con sus fuerzas y las de sus aliados, y habría que embarcarse en una contienda completamente desigual.

(Livio X,13,2-4)

Es evidente que estos príncipes etruscos que menciona Livio, eran los encargados de la dirección política de las ciudades; debían ser miembros de un consejo semejante al Senado romano, pero que únicamente estaba integrado por la oligarquía; también es evidente que ejercían el mando militar, pues los encontramos al frente de las tropas, de las que sí que formaba parte el proletariado agrario, que se enfrentan a los romanos; e igualmente sólo ellos podían acceder a los cargos sacerdotales.

Existen algunos textos que señalan muy vagamente la existencia de magistraturas etruscas bien en general o bien en determinadas ciudades. Así, Diodoro Sículo (V,41,1) habla de magistrados etruscos y de sus atributos, al igual Macrobio (Sat. I,6,7):

Tulo Hostilio, el tercer rey de los romanos, es deudor de los etruscos por la silla curul, los liectores, la toha picta y la praetexta, que eran insignias de los magistrados etruscos, antes de que Roma las instituyera.

En Tarquinia, Dioniso de Halicarnaso menciona a los magistrados con ocasión de narrar la expulsión de Roma de Tarquinio *el Soberbio* que fue a refugiarse a esta ciudad y fue conducido por los magistrados ante la asamblea; en Faleri, durante la ya mencionada guerra falisca Livio (V,27,10) narra la intervención de los magistrados de la ciudad:

Ante este espectáculo, primero se formó una aglomeración de gente, luego los magistrados, convocados al Senado para tratar del extraño asunto, y los ánimos experimentaron un cambio tal de actitud que la población, que, momentos antes, presa de un odio y una cólera feroz, casi prefería un final como el de Veyes a una paz como la de Capena, pedía unánimemente la paz.

En Arezzo Livio (XXVII,24,8) menciona también la existencia de magistrado en la ciudad:

Apenas C. Terencio llego a Arezzo con la legión, pidió a los magistrados las llaves de las puertas, pero ellos decían que no las encontraban.

Poco más es lo que podemos sacar de las fuentes literarias con respecto a las magistraturas etruscas. Algunos datos más nos puede proporcionar la epigrafía en cuanto a los títulos y nombres de las magistraturas y la iconografía acerca de las funciones y los atributos de los magistrados.

Los nombres de las magistraturas etruscas ha sido un tema muy debatido desde mediados del siglo pasado y gracias a la epigrafía y a las pinturas funerarias conocemos una serie de términos que los investigadores identifican cono nombres de magistraturas.

Zilac

El primero y más frecuente de ellos presenta al menos nueve variantes: *zil, zilu, zilav/t, zilac, zilx/c, zilaxnuce, zilaxnvce, zilaxnvas, zilaxnu.* Son todos nombres que tienen la misma raíz y la diferencia entre ellos, es, en unos casos, la región donde aparecen, y en otros que unos son el nombre del magistrado, *zilav/t,* y otros la magistratura *zil(a)x(/(c).* Cabe preguntarnos qué tipo de magistratura era el *zilacato,* y cuáles eran las funciones del *zilac.* No existen datos sobre el número de de veces que podía ser desempeñada esta magistratura por una misma persona, ni tampoco sabemos con exactitud si era desempeñada por una única persona o era colegiada. Aunque parece ser que no en todos los casos, el *zilac* puede ser comparado con el pretor de los primeros tiempos de la República, sería por tanto una de las magistraturas supremas de la ciudad, con atribuciones militares, que le convertirían en el comandante supremo del ejército, y políticas. En ocasiones tenemos que el término *zilac* aparece acompañado de otro nombre: *zilav parxis, zilav eterav, zilc marunuxva, zilx cexaneri,* lo que podría indicar, en opinión de Pallotino, una especialización en las funciones del *zilac* (como el pretor urbano y el pretor peregrino en Roma, o los arcontes atenienses: rey, polemarca, epónimo y los *tesmostétas*).

Un *zilc marunuxva* aparece en epígrafes de Musarna, Tuscania y Tarquinia, podía tener algún tipo de función religiosa pues parece ligado al título de *maru,* tal vez fuera el jefe o el presidente de algún colegio sacerdotal; *Zilcti purtśvavcti* en Vulci y en Tarquinia, tal vez ligado al título de *purv*, por lo que podría tratarse de la unión de dos magistraturas; *zilx cexaneri* se documenta en Tarquinia, y tal vez está relacionado con el título sacerdotal *cexase*; *zilav eterav* en Musarna con leves variantes en Orvieto y Tarquinia, podría indicar una condición social inferior; *zilav parxis* en Musarna y en Norchia, para algunos autores este título y el anterior estarían relacionados, éste indicaría una condición social elevada y se encargaría de los asuntos de los patricios, mientras que el *zilav eterav* velaría por los intereses de las masas populares; un *zilc vufi* se documenta en Tarquinia, y dado que *vufi* parece ser el ordinal «primero» esto indicaría que existía una ordenación en los *zilac*, al igual que sucedía con los cónsules en Roma; el *Zilav mexl rasnal* documentado en Tarquinia y en Orvieto puede estar relacionado con la organización federal de los etruscos. Todo ello nos lleva a aceptar la existencia de varios tipos de *zilac* con diferentes atribuciones hasta el punto de que se hace necesario diferenciarlos en la epigrafía. Otra aspecto importante, que llama nuestra atención, es la edad a la que se desempeñaba este *zilacato*, así en Vulci, Sethre Tute fue *zilaxṇucix zilcti purtśvavcti* a la temprana edad de veinticinco años, mientras que en una inscripción de Musarna, el personaje que en ella aparece desempeñó el *zilacato* a los veintinueve y en Tuscania hay un personaje que lo hizo a los treinta y seis. Cabría preguntarnos hasta que punto el *zilacato* era un tipo de magistratura concreta, o se trata de un apelativo para designar a la cabeza visible ya sea de un colegio sacerdotal, del Estado o cualquier colectivo con funciones específicas, públicas o privadas, sobre todo si tenemos en cuenta que en algún caso han aparecido *zilacs* epónimos como el *zilzi velusi hulxuniesi* de la Tumba de los Escudos de Tarquinia, en honor de un personaje de nombre Vel Hulchnie en ella representado.

Pur*v*

Para Pallotino y otros muchos autores el *purv* y todos los términos relacionados con él designarían a un tipo de magistrado de mayor importancia a la del *zilac*, algo que parece contradecirse con una inscripción de la Tumba del Orco donde un miembro de la *gens murinas* dice que la carga más importante desempeñada por él fue la de *zilav mexl rasnal*, y más abajo, tras una laguna, dice que también fue *purv*.

Existe una corriente de investigación que tiende a identificar al *purv* etrusco con el *pritano* griego, y hay quien ve en él un magistrado con atribuciones edilicias. La epigrafía proporciona también ciertas variantes: *purv* se documenta en Chiusi y Tarquinia entre otras; *purvne* en Chiusi; *eprvne* en Orvieto; *eprvnev* en Musarna y Tuscania; *purtśvavcti* en Vulci, en la tumba de los Tute, donde una inscripción dice que *tute larv zilaxnu zepz purtśvana vunz* (habiendo sido zilac siete veces y *purtśva* una vez), en este caso se desempeñaban las dos magistraturas a la vez, por lo que el *purtśva* podía ser una magistratura extraordinaria. Se ha planteado el problema de la identificación de esta magistratura dado que no todos los epígrafes pertenecen a la misma época, así el *purv* de Chuisi y Tarquinia sería diferente al *purtś* de Vulci; y mientras que el *purtśvavcv* parece ser una magistratura colegiada, el *eprvnevc*, no debía serlo. Finalmente, por lo que respecta a la edad a la que se desempeñaba esta magistratura se puede decir que, según una inscripción de Tuscania, debía ser con anterioridad a los treinta y seis, pues allí aparece un personaje fallecido a esa edad y que ya había ejercido el cargo.

Maru

Existe total acuerdo en considerar al *maru* como un tipo de magistrado que presenta numerosas variantes, todas ellas con claras connotaciones religiosas, que en ocasiones aparece unido a divinidades así en Tuscania *maru paxavuras cavsc*, *paxavuras* sería el genitivo de *Paxa* (Baco) y *cavsc* el genitivo de *Cava*, el dios solar; *marunux paxanati* se documenta también en Tarquinia; *ailf_[·] marunx tef esari* de difícil interpretación aparece en Orvieto; el ya mencionado *zilc marunuxva* de Musarna, Tuscania y Tarquinia; en *marniu spurana* de Orvieto y el *spural marvas* de Etruria meridional; *marunuxva cepen* se documenta en Tarquinia y Musarna; finalmente destacar el *marunux spurana cepen* de Norchia.

Al igual que los *zilac*, los *maru* debían estar agrupados en un colegio y existir entre ellos diferencias dependiendo la función que realizaban dentro de la sociedad. La existencia de un *zilac* urbano y un *zilac* federal ha llevado a pensar que en el caso de los *maru* sucediera algo parecido, y apoyándose en la identificación del *Zilav mexl rasnal* con el *praetor Etruriae* de época imperial y sabiendo que también existía un *aedilis Etruriae* en la misma época, han supuesto que el cargo de *maru* podía ser equivalente al de edil, algo que parece seductor, pero que como bien opina Lambrechts carece de fundamento.

El *maru*, también está documentado en Umbría donde existía un colegio de los marones.

Cepen

Es un término que con frecuencia aparece en los textos que describen rituales, como el *liber linteus* o el plomo de Magliano, por lo que se le ha dado la interpretación de «sacerdote», y casi siempre va ligado al término *marunux* o *marunuxva*. Existen dudas sobre si el término *cepen* es un genérico para designar a los sacerdotes, o si se trata de un cargo sacerdotal específico.

Otras magistraturas

La epigrafía nos proporciona otros muchos nombres que pueden designar magistrados, pero en la mayoría de los casos es difícil y arriesgado atribuirles unas funciones concretas.

En varias ocasiones aparece el *camvi, canve* o *canvce.* En Tarquinia, sobre la tapa de un sarcófago un *camvi eterau,* existe casi unanimidad en considerar que se trata de un término relacionado con la juventud, dado que los personajes que lo ejercen suelen ser todos jóvenes, aunque no falta algún adulto, e incluso alguna mujer; ello ha llevado a pensar que tal vez un sacerdocio juvenil, en contra de esto están lo que opinan que se trata de una magistratura menor.

Tenvarav aparece ya documentado en la Tumba de los Augures; *Tesinv* de la Tumba Golini I podría ser identificado con el *curator* romano; *aprinvu* parece tener un carácter religioso; los *trutnuv* serían, el opinión de Pallotino, los expertos en el arte adivinatorio. Otros como *presnve, zatlav,* o *sṇenav,* presentan gravísimas dificultades de interpretación.

El *cursus honorum*

El tema del *cursus honorum* entre los etruscos presenta numerosos problemas dado el escaso conocimiento que tenemos de sus magistraturas. Vamos a seguir aquí los estudios de A. Maggiani, «Appunti sulle magistrature etrusche», en un artículo publicado en la revista *Studi Etruschi* en 1998.

Maggiani se hace eco de los diversos tentativos en establecer un *cursus honorum* para los etruscos, y que la información más completa que poseemos nos la proporciona la epigrafía de Tarquinia. Según este autor, tras desempeñar algunos cargos juveniles (*camvi, zilav eterau y zilav parxis*) la carrera política se iniciaba con cargos religiosos el primero el manorato (*marunux*), para a continuación ejercer el cargo de *cepen*, también un cargo religioso, que para algunos hay que identificar con el *augur* o con el *pontifex* latino; el siguiente cargo a desempeñar era el de *eisnevc*, este cargo podía ser equivalente al de *cepen* o desempeñarse en sustitución de él, dado que en alguna inscripción aparece su desempeño a continuación del maronato y debía tener también un cierto carácter religioso. Tras ello se podía acceder ya a la primera de las magistraturas superiores el *eprvnevc*, que a pesar de ser una magistratura superior no debía ser de máximo nivel, el siguiente paso era ejercer el cargo de *macstrevc*, magistratura, tal vez extraordinaria del tipo de la dictadura romana, que al menos aparece atestiguada en Tarquinia y, finalmente, el zilacato.

Nos queda al margen una magistratura cuya colocación se hace difícil, el *purtśvavc* que sería un cargo ligado al de *zilac* que raramente ejercía, podría tratarse, aunque con muchísimas dudas, de la presidencia de algún tipo de colegio. Maggiani no es partidario de identificar las formas *purv* y *purtś* y puntualiza que «aunque esta identificación fuese posible las dos inscripciones de Vulci demostrarían que en esta ciudad el término no designaba una magistratura superior, la presidencia de un colegio de *zilac*, al contrario, se trataría de una magistratura colegial a la que tal vez era propuesto un *zilac*». Una inscripción de Vulci parece demostrar que el cargo de *purtśvavc* podía desempeñarse conjuntamente con el de *zilac*, lo que supondría que no era un peldaño más del *cursus honorum*.

Ya dijimos que en el *zilacato* existían distintos grados con funciones diversas, alguno de estos *zilacatos* podría considerarse como una magistratura excepcional, este sería el caso del *zilacato cexaneri*.

La sociedad

Es una constante en los autores clásicos greco-romanos que al ocuparse en sus escritos de la sociedad etrusca hablen casi en exclusividad de dos grupos netamente diferenciados: una clase superior en la que se integraba la nobleza, los *domini*, por debajo de los que únicamente estaban los *servi* que no siempre eran necesariamente esclavos, dado que existía un numeroso grupo de clientes, que sin ser estrictamente esclavos, dependían efectivamente de los *domini*. Si hacemos caso a estos autores, entre ambos grupos no existió una clase intermedia; clase intermedia que, por otra parte, tampoco aparece atestiguada suficientemente por la arqueología; el panorama que nos proporciona la epigrafía responde, casi con total exactitud, a lo expresado por los autores clásicos: un reducido número de privilegiados dueños de las riquezas y el resto de la población completamente subyugada a ellos. Muy probablemente esta situación es la respuesta a los motivos de las numerosas revueltas serviles que se produjeron en Etruria a lo largo de su historia, uno de cuyos ejemplos más notorios es la sublevación servil de Volsini que tuvo lugar en el año 285 a.C., que es narrada por Zonaras:

Siendo cónsules Quinto Fabio y Emilio, se organizó una expedición a Volsini para asegurar la libertad de sus ciudadanos, con los cuales estaban ligados por un pacto. Eran éstos los más antiguos de los etruscos, habían conseguido poder y levantado una fuerte ciudadela y tenían un buen gobierno. Sin embargo, en una ocasión, estando en guerra con los romanos, resistieron durante mucho tiempo, pero una vez que fueron vencidos, se dejaron arrastrar hacia la indolencia, abandonaron los asuntos de la ciudad a los siervos y en la mayoría de las ocasiones dejaron a éstos la dirección de la guerra. Hasta tal punto se fortalecieron, que los siervos ganaron poder y ánimo y creyeron que tenían derecho a la libertad, lo que finalmente obtuvieron gracias a sus propios esfuerzos. Más adelante, ellos mismos se acostumbraron a casarse con sus dueñas, a suceder a sus dueños, a ser admitidos en el Senado, a desempeñar las magistraturas y a conservar toda la autoridad.

(Zonaras, 8,7)

Esta visión bipolar *domini/servi* sin ningún tipo de clase intermedia, que nos presentan los autores clásicos ha sido revisada en profundidad, y en la actualidad se tiende a considerar la sociedad etrusca como una sociedad jerarquizada, en la que se produce una relación de vasallaje entre sus miembros: un individuo podía ser cliente de uno de los *principes*, y a su vez tener sus propios clientes.

Los *domini*

Ya hemos mencionado algunas de las características de la clase superior etrusca al hablar de las magistraturas. Las fuentes greco-latinas entran en pocos detalles sobre la formación y evolución de las clases dirigentes etruscas, sin embargo, la arqueología, en este caso, es nuestra principal fuente de información.

Es necesario partir de la época villanoviana para comprender la formación de las clases dominantes etruscas. En el siglo IX a.C., en plena época villanoviana, las tumbas parecen indicar que solamente existían diferencias entre hombres y mujeres, si nos atenemos a los ajuares funerarios, los hombres identificados como guerreros y las mujeres como responsables del trabajo doméstico; pero esta imagen de aparente igualdad social se ha discutido mucho, llegándose a la conclusión de que probablemente sólo se trataba de una igualdad ante la muerte y no que las sociedades villanovianas tuviesen una organización plenamente igualitaria, dado que dentro de los grupos familiares no aparece distinción alguna entre sus miembros a la hora de las prácticas funerarias y, sin embargo, sí parece atestiguada la posición dominante de uno de los miembros dentro de la familia, que ejerce la autoridad sobre el resto del núcleo familiar. Los datos que tenemos de las poblaciones de esta época nos indican que eran grupos humanos no muy numerosos y que la explotación de las propiedades agrarias la hacían directamente sus dueños y no las dejaban en manos de terceros. A partir del siglo

VIII a.C., los ajuares de las tumbas comienzan a diferenciarse, las de incineración continúan siendo muy austeras y con un ajuar reducido, en ocasiones simbólico, mientras que en las de inhumación poco a poco va creciendo la riqueza de los materiales, lo que claramente demuestra ya la existencia de ciertos desniveles sociales. Entre mediados del siglo VIII y mediados del siglo VII a.C., este proceso de estratificación social se consolida, con un grupo más o menos reducido de nobles (*principes*) ricos y poderosos, cuyo poder queda claramente patente en las cámaras funerarias de los grandes túmulos como los de Cerveteri y de otras ciudades, viven rodeados de lujos y a su muerte hacen que una gran cantidad de objetos santuarios les acompañen a las tumbas. El ritual funerario se vuelve complejo y las paredes de las cámaras mortuorias se cubren de pinturas, en las que estos *principes* aparecen rodeados de ese exquisito lujo y disfrutando de un tipo de vida que le está prohibido al resto de la sociedad. Pero no sólo en las tumbas, en las ciudades comienzan a aparecer edificios de grandes dimensiones, generalmente de planta rectangular, que los investigadores identifican con los palacios que ocupaban estas elites sociales, como en el Palacio de Murlo, en Siena, que tenía unos 60 metros de lado y estaba decorado con terracotas arquitectónicas, o el de Acquarossa en Viterbo, algo más pequeño que el anterior. De estas oligarquías van a surgir los *lucumones* de la primera época de la sociedad etrusca, aunque desconocemos el procedimiento por el cual llegaban a la cima del poder: por la fuerza, por derecho de nacimiento, por elección, o, tal vez, una combinación de todas ellas. Este jefe, salido del núcleo gentilicio, es dueño de una buena parte de los recursos económicos y concentra en sus manos el poder político y religioso, a la vez que exteriormente es reconocido por los símbolos del poder: armas, insignias, silla y carro de parada entre otros, que le siguen incluso a la tumba.

Es evidente que las causas que motivaron la estratificación social hay que buscarlas en el desarrollo económico de las poblaciones etruscas. El desarrollo de la agricultura primero, y después las actividades metalúrgicas y artesanales, van a provocar una especialización del trabajo, finalmente otra actividad, la naval, con todo lo que ello supone, como es el comercio de riquezas, va a influir notoriamente en la diferenciación social, al aparecer una serie de familias privilegiadas dando lugar, como ya hemos avanzado, a la aparición de un sistema gentilicio que en muchos aspectos recuerda al griego.

Estas actividades fueron las causantes de que en cierta medida, a partir del siglo VII a.C., se modificara la composición de la sociedad etrusca, no en los pequeños núcleos poblacionales, donde la estructura oligárquica continuó siendo la forma de organización social, al menos hasta finales del siglo VI a.C., sino en las grandes ciudades, donde comienza a desarrollarse una clase intermedia formada por artesanos, agricultores y pequeños mercaderes, que acabarán formando el grupo fundamental de la población etrusca, capa que será muy permeable a los elementos extranjeros, a los que permite integrarse en ella, sobre todo de griegos muchos de ellos procedentes de las ciudades de la Magna Grecia, y otros de la Grecia continental, como es el caso de Demarato, que procedente de Corinto, ciudad de la que había salido huyendo de la tiranía de Cipselo, llegó a Tarquinia, de la que acabó siendo *lucumon*, a la vez que su hijo Tarquinio Prisco se instalaba en el trono de Roma.

Finalmente por los testimonios de algunos autores antiguos, podemos deducir que ya hacia finales del siglo V a.C., los *principes* de cada una de las ciudades etruscas debían formar parte de una asamblea semejante al Senado romano, ejemplo de ello es la mención que Livio (V,27,10) hace al Senado de Faleri.

Los servi *(pueblo, clientes y esclavos)*

Como avanzábamos, no hay que entender por clases serviles etruscas, según las fuentes clásicas, únicamente a los esclavos, aunque éstos fueran una parte importante de ella, sino que en este grupo había que incluir también al *pupulus*, a los clientes, hombres libres con relaciones de vasallaje con los *principes* o con otros *servi* y a los propios esclavos, privados o estatales.

Pueblo

La aparición de esta masas populares, lo que pudo ser el equivalente a la plebe romana, que ocupaban el segundo lugar en la escala social tras los *principes*, comienza a producirse, como ya hemos dicho, a partir del siglo VII y son engrosadas con agricultores, artesanos y mercaderes. Muchos de ellos eran extranjeros que incluso se casaron con mujeres etruscas. De esta inmensa clase media apenas sabemos nada, sólo que debían ser el bloque más numeroso de población dentro de las ciudades, pero nada más, pues incluso desconocemos su papel dentro de la vida política urbana, cuáles eran sus derechos y cuáles sus deberes.

Clientes

El establecimiento de las relaciones clientelares en todas las sociedades antiguas era un hecho de libre elección, y la sociedad etrusca, a este respecto, no debía ser una excepción. Los clientes debían ser sobre todo extranjeros y recién llegados a la ciudad; también es muy probable, que una buena parte de estas masas populares, de las que hablábamos antes, se ligara con lazos de clientela con las familias nobles; pero no sabemos si, como en el caso romano del clientelismo, esto suponía que les prestaban apoyo económico para recibir a cambio de ello una defensa jurídica y de sus intereses personales en caso de necesidad.

Gracias a la epigrafía sabemos que, muy probablemente, entre los etruscos los clientes recibían el nombre de *etera*, y que incluso, estos *etera* podían recibir un lugar de honor en las tumbas familiares, así en la tumba de los Venetii junto a la urna de Sethre Venete, hijo de Larth Venete, está la de Larth Venete *etera* (cliente) de Larth Venete, y lo mismo sucede en la tumba de Titii Petronii, donde la urna del *etera* del *pater familias* está junto a la de otros miembros de la familia ocupando un puesto de privilegio.

Por otra parte, sabemos que en Tarquinia había un magistrado especial, el *zilaceterau,* cuya misión era defender los intereses de los *etera.*

Otro asunto a destacar es la etimología del nombre *etera.* Como acertadamente señala J. Heurgon, puede tratarse de un préstamo del griego *hétairos.* Esto vendría avalado por la gran influencia que las leyendas homéricas tuvieron en el mundo etrusco.

Esclavos

La existencia de la esclavitud está perfectamente atestiguada entre los etruscos, pero a diferencia de otras sociedades de la antigüedad mediterránea, los esclavos en Etruria tenían una consideración social algo distinta. Tres son las diferencias que tenían los esclavos de las ciudades etruscas.

La primera de las diferencias, que sin duda llama poderosamente la atención, es que los esclavos etruscos tenían la capacidad legal de poseer propiedades privadas que no podían ser controladas por sus dueños. Esta capacidad podría aparecer perfectamente atestiguada en la Profecía de Vegoia, donde se establecen severas penas para aquellos esclavos que se atrevan a mover los cipos que marcan el límite de sus posesiones y así ampliarlas.

No obstante, esta capacidad anómala de la esclavitud en Etruria, presenta numerosas dudas y debemos aceptarla con ciertas reservas. Es probable que tenga su reflejo en algunas costumbres romanas, pues a pesar de que, como sabemos, los esclavos romanos no podían poseer nada, pues ellos mismos eran propiedad de sus amos (*potestate domini*), éstos les permitían acumular algunos bienes destinados a comprar su libertad, y que en ocasiones, una vez manumitido, lograban conservar con el permiso de su antiguo dueño. Más próximo al caso etrusco es el del esclavo Titiro, que aparece en la primera *Bucólica* de Virgilio quien posee una pequeña propiedad de tierra.

La principal duda que se nos plantea es si esos terrenos que podían poseer los esclavos etruscos, los compraban por su cuenta, se los entregaba el Estado, o se los cedían sus propios amos para que los cultivasen en precario, una vez que ellos los habían obtenido como resultado de los repartos del *ager publicus*.

Un breve pasaje de Diodoro Sículo en su *Biblioteca Histórica* (V,40,4) parece abrir la puerta a la posesión por parte de los esclavos etruscos de sus propias casas:

Junto a ellos tienen casas privadas de todo tipo, no sólo los esclavos, sino también la mayor parte de los libertos.

Esclavos y libertos etruscos formaban una clase social perfectamente definida y ellos, personalmente, no estaban vinculados necesariamente al *pater familias* o al patrono, como sucedía en Roma. Esto es lo que parece deducirse de los sucesos de Volsini, ocurridos entre los años 265-264 a.C., que narra Zonaras en el pasaje que vimos con anterioridad, pero que también es recogido por Valerio Máximo (IX,1 ex. 2):

Estos vicios envolvieron en graves y vergonzosas desgracias también a la ciudad de Volsini. Era ésta opulenta, y vivía en el respeto de la ley y de la moral, era considerada la capital de Etruria: pero, puesto que se dejó ir por culpa de la lujuria, cayó en un abismo de vergüenza y de estupidez, acabando por someterse al desenfrenado dominio de sus esclavos, algunos de los cuales se atrevieron, en un primer tiempo a entrar en el orden senatorio, para inmediatamente después adueñarse completamente de la República, cambiaban los testamentos a su arbitrio, prohibían las reuniones y los banquetes de los ciudadanos libres, se unían en matrimonio a las hijas de sus antiguos amos. Finalmente sancionaron por ley que sus estrupros consumados en perjuicio de las viudas y de las mujeres casadas, quedaran impunes, y que ninguna virgen se casase con un hombre libre, hasta que alguno de ellos no la hubiese violado primero.

Floro en un pasaje muy breve de sus *Epítomes de Tito Livio* (I,16) señala que:

Los últimos entre los itálicos en someterse fueron los habitantes de Volsini, los más ricos de los etruscos, invocando la ayuda contra aquellos que en un tiempo habían sido sus esclavos, quienes habían devuelto la libertad concedida por sus dueños, con ellos mismos y, transferido el poder a sus propias manos ejercían de dominadores.

Finalmente Paulo Orosio, en el libro IV de sus *Historias* (5,3-5), hace mención a los mismos sucesos:

También en esta época los vulsinienses, los más ricos de los etruscos, por poco desaparecen por su afán de lujo, ya que, ampliando, de acuerdo con sus costumbres, las libertades, hicieron poco a poco libres a sus esclavos, los admitieron en los banquetes, los honraron con matrimonios; pero los libertos, aceptados en algunos derechos, tramaron apoderarse de los demás mediante el crimen; libres del yugo de la esclavitud, ardieron en el deseo de ser ellos los dueños; y a los que antes como dueños justamente habían apreciado, ahora, ya libres, los odian precisamente porque recuerdan que fueron sus dueños. En consecuencia, los libertos (cuyo número era tan grande que cometieron su osada acción sin resistencia por parte contraria), uniéndose en la acción, reivindican el dominio de la ciudad para su propia clase: se apropian por medio del crimen de los bienes y de las esposas de sus dueños, destierran a sus antiguos amos, los cuales, tristes, desterrados e indigentes, se dirigen a Roma; allí, tras manifestar su desgracia y llorar sus reclamaciones, fueron vengados y restituidos a su patria gracias al rigor de los romanos.

A este respecto, A. Mastricinque hace una puntualización que es extremadamente interesante. Parece un tanto incomprensible que los siervos domésticos a los que aluden las fuentes se rebelaran en masa contra sus antiguos dueños una vez alcanzada la libertad, cuando esto no era lo habitual en las sociedades antiguas, y para ello sirve de ejemplo el caso de

Roma, donde cuando un esclavo recibía la manumisión de su amo, aunque ésta no fuera como consecuencia de una dádiva personal, sino de la compra de ella por parte del esclavo, el recién manumitido permanecía ligado estrechamente a la familia de su antiguo amo; por ello Mastrocinque llega a la conclusión de que estos esclavos que provocaron la revuelta de Volsini, en ningún momento podía tratarse de esclavos de privados, sino *servi publici*, que tal vez, como en el caso romano, recibían la libertad gracias a la sentencia de un magistrado o del emperador después. Este tipo de esclavos en Roma tenía derecho a la propiedad privada y a la herencia, lo que encajaría perfectamente con lo que las fuentes clásicas nos dicen sobre los esclavos etruscos.

Es evidente que los libertos en las ciudades etruscas jugaron un papel de primera fila en la vida ciudadana. Por algún texto bilingüe sabemos que el nombre etrusco que recibían estos libertos era el de *lautni*; concretamente en la tapa de una urna funeraria de Perugia figura la frase latina *l. scarpus scarpiae l. popa*, es decir «Lucio Escarpio, liberto de Escarpia, Victimario», mientras que en otra parte de la misma urna, en este caso en etrusco *Larth Scarpe Lautni*, de donde se establece una relación directa entre *lautni* y *libertus*.

Finalmente cabría preguntarnos por el origen de los esclavos etruscos. Por la epigrafía parece entreverse que el origen de la esclavitud en Etruria era muy diverso, y prácticamente el mismo que en otras sociedades. En un principio los etruscos se nutrían de esclavos gracias a las expediciones de los piratas que dominaban el mar Tirreno, para luego ser los prisioneros de guerra su fuente principal de aprovisionamiento, a ellos se unían los hijos de los esclavos que habían nacido en cautividad.

El sistema onomástico

Ya desde antiguo comienza a delinearse en la epigrafía el sistema onomástico, hecho de gran importancia a la hora de estudiar la sociedad etrusca. Se detecta un sistema compuesto por dos nombres, el personal y el gentilicio (*praenomen* y *nomen* romanos), que frecuentemente van acompañados por el nombre del padre y de la madre, hecho este último que les diferencia de los romanos, ya que entre los etruscos el matronímico alcanzará cierta importancia y revela el papel destacado de la mujer en la sociedad, la filiación de los individuos en las inscripciones, en ocasiones incluso alcanza a los abuelos, lo que las convierte en verdaderos árboles genealógicos. En las inscripciones raramente aparece un tercer nombre, el *cognomen* de los romanos. La formación de los gentilicios puede proceder del nombre paterno, por ejemplo añadiendo el sufijo *–no* al nombre del padre (de *Vel* surgiría *Velno*), o pueden ser derivados del nombre de las divinidades o de lugares.

Con respecto al sistema onomástico, un hecho que diferencia también a los etruscos de los romanos se refiere al número de las *gentes,* que si bien entre los romanos no era excesivamente numerosa, no sucede lo mismo entre los etruscos, donde su número puede considerarse, a decir de algunos autores, ilimitado. Ya desde el siglo VII a.C., parece ser que la única condición para poder adherirse al sistema gentilicio, era el de ser ciudadano libre. La diversificación de los nombres familiares fue tran grande, que sólo es comparable con la que se produjo en el tránsito de la Edad Media a la Edad Moderna.

Es muy probable, aunque esto no ha podido ser demostrado aún, que la sociedad de la Etruria arcaica estuviese dividida, como la romana republicana, en *gentes* patricias y plebeyas, a las que se añadirían las clases más inferiores compuestas por esclavos, profesionales mal considerados, como los actores, y extranjeros, que no se encuadraban dentro del sistema onomástico gentilicio y que en la epigrafía aparecen con un solo nombre.

La epigrafía nos proporciona información sobre familias numerosísimas y muy ramificadas como los Spurina o los Velcha de Tarquinia, los Cilnios de Arezzo, o los Ceicna de Volterra, en ocasiones podemos encontrar alguna de estas ramas de grandes familias en diferentes ciudades, lo que nos aproximaría en alguna medida, y sólo en estos casos, al concepto de *gens* de los romanos, a lo que se une el hecho de que era frecuente que se produjeran enlaces familiares entre los miembros de estas familias, familias que son las que más frecuentemente ocupan los principales puestos religiosos y políticos.

La religión

Lo primero que se nos viene a la mente, a la hora de enfrentarnos al fenómeno religioso de los etruscos, es la cita de Tito Livio (V,1,6), cuando señala que la nación etrusca está dedicada más que ninguna otra a los ritos religiosos y que todos ellos son muy famosos por su extrema habilidad a la hora de celebrarlos. No es el único autor que ve en los etruscos a un pueblo profundamente preocupado por la vida religiosa; el escritor cristiano Arnobio, en su obra *Adversus gentes* (VII,26) cree que Etruria es la cuna, generadora y madre a la vez de todas las supersticiones.

Otros muchos autores clásicos como Cicerón, Plinio *el Viejo* o Séneca vieron en los etruscos un pueblo obsesionado por las ideas religiosas, a lo que también contribuyó la extraordinaria fama alcanzada por sus augures, muy solicitados en toda Italia e incluso en el Mediterráneo, y el sofisticado desarrollo de sus métodos de adivinación. El sentimiento religioso que albergaban los etruscos estuvo muy por encima del de los griegos o del de los romanos, que en muchas ocasiones acudían a expertos etruscos a la hora de celebrar determinados rituales.

El espacio religioso de los etruscos

Es interesante a la hora de enfrentarnos a la religión etrusca, ver cómo ellos dividieron el espacio celeste, lo que algunos autores llaman «teología del cosmos etrusca», un mapa en el que colocarán sus dioses y dependiendo en la zona en la que estén colocados éstos tendrán un carácter más o menos favorable. Maciano Capella señala que el espacio estaba dividido en cuatro sectores separados por dos líneas imaginarias orientadas según los puntos cardinales, cada uno de estos espacios a su vez era fraccionado en cuatro sectores y cada uno de estos sectores era la sede de una divinidad. Según esto, en el sector noreste habitaban cuatro dioses celestes, en el sector noroeste cuatro dioses infernales, y en el sector sur habitaban ocho divinidades terrestres y de la naturaleza; además el este era considerado como un lugar favorable al ser el sitio por donde nacía el sol y surgía la vida, mientras que el oeste, el lugar por donde se producía el ocaso, será considerado desfavorable. La descripción más completa de esta concepción del espacio celeste se la debemos a Plinio *el Viejo* (*NH*, II, 143) cuando habla de las consideraciones que se deben tener en cuenta a la hora de observar los rayos y los truenos y hacer la interpretación de estos:

Para este tipo de inspección dividieron los etruscos el cielo en dieciséis partes. La primera zona va desde el septentrión al alba equinoccial, la segunda hasta el mediodía, la tercera hasta el ocaso equinoccial, la cuarta ocupa el espacio restante, entre el ocaso y el septentrión. Después han dividido nuevamente cada zona en cuatro partes y de ellas han llamado «siniestras» a las ocho que se cuentan a partir de levante, y «diestras» a las otras ocho opuestas. De ellas, son especialmente de mal augurio las que flanquean el septentrión al oeste.

Para algunos autores este reparto del espacio es algo posterior al siglo III a.C., y argumentan que el único indicio de que esto fuera así en época antigua es la orientación de los templos en la época arcaica y clásica, que por norma general estaban orientados hacia el sector celeste ocupado por la divinidad a la que estaba consagrado el templo. Estos principios de partición del cosmos serán posteriormente utilizados por los agrimensores para dividir el terreno en la fundación de ciudades.

El panteón

A pesar de los numerosos estudios, y el interés que la religión etrusca ha despertado entre los investigadores, interés que ha sido avivado por las constantes referencias que, a las costumbres religiosas de los etruscos, hacen los escritores antiguos, todavía hay muchos dioses de los que o bien sólo conocemos el nombre, o sólo su imagen y en algunos casos incluso desconocemos el sexo de la divinidad ante la que nos encontramos. Hay ocasiones en las que determinados personajes semidivinos como es el caso de Leinth o Thalna, que frecuentemente aparecen representados en escenas mitológicas, en unas ocasiones lo son como seres masculinos y en otras como femeninos.

A partir del siglo VIII a.C., el proceso de aculturación que se produce en Etruria también va a afectar a la religión, y las divinidades griegas, sobre todo, van a dejar sentir su influencia, fuertemente, en las etruscas. Es muy probable que una de las novedades más importante se refiera a la forma externa de los dioses, al adquirir éstos forma antropomorfa a imitación de las divinidades griegas, así como la difusión de los mitos griegos por toda Etruria. Esta aculturación va a dar como resultado que un buen número de dioses etruscos se asimilen con los griegos, adoptando su misma forma y atributos, pero también va a existir un nutrido grupo de ellos que no van a tener su correspondiente griego y en estos casos se hace más difícil averiguar sus funciones y características.

Existe una tendencia a organizar las divinidades etrusca en tríadas, pero esto es algo discutible, pues no hay datos irrefutables que confirmen este extremo. La más propuesta de todas ha sido la de Tinia/Uni/Menrva, que sería la equivalente de la tríada Capitolina en Roma formada por Júpiter/Juno/Minerva.

La epigrafía nos ha proporcionado el nombre de un gran número de dioses, y lo mismo se puede decir de algunos de los grandes textos etruscos, especialmente el llamado *Liber Linteus*, el *Hígado de Piacenza* y la Teja de Capua. Es difícil llevar a cabo una estratificación de los dioses clasificándolos de mayor a menor importancia, si exceptuamos a algunos de ellos, también existe alguna dificultad a la hora de establecer la lista de dioses originariamente etruscos que fueron identificados con divinidades latinas o griegas, y la de aquellos otros que fueron importados y adoptados posteriormente por los etruscos, agregándolos a su propio panteón.

Aita (*Calu*), es un nombre de divinidad que conocemos por dos tumbas, la tumba del Ogro II en Tarquinia y la tumba Golini de Orvieto, ambas del siglo IV a.C. Es una divinidad de ultratumba que toma los atributos y se identifica con el griego Hades. Aparece representado como un hombre barbudo portador de un cetro en el que se enrolla una serpiente y con una piel de perro o de lobo sobre la cabeza. Parece ser que el espacio ocupado por *Aita*, antes estaba ocupado por *Calu*, una divinidad con los mismos atributos documentada en la Teja de Capua y en una curiosa inscripción del fondo de una copa de Orvieto donde reza *tinia Calusna*.

Alpan, es una de las *Lasa* a la que se tiene por ser la diosa etrusca del amor, relacionada con la ultratumba, y que por norma general es representada desnuda.

Ani. Divinidad celeste, guardián del paraíso, que presenta algunas afinidades con el Jano romano.

Aplu o *Apulu*, parece ser que es uno de los casos de dioses importados y quizá el único que no sustituye a una divinidad etrusca anterior ni hereda las funciones de ninguna. Casi con seguridad se trata del griego Apolo. Es un dios arquero, que dio muerte a Python y a Tityos y, por tanto, considerado como portador de la muerte, pero también es un dios purificador dado que es el encargado de eliminar la serpiente. Por los etruscos era considerado, por tanto, como un dios purificador y guerrero. Una de sus más hermosas representaciones es la de una Acrótera de Veyes conservada en el Museo de Villa Giulia en Roma, el famosísimo *Apolo de Veyes*.

Artumes (*Artames* o *Aritimi*), era la hermana de *Aplu* y, como tal, muy vinculada a él; fue identificada con la griega Artemis o con la romana Diana, pero al contrario de éstas, los etruscos no la relacionaron con la caza. Era la diosa de la noche, de la muerte y del crecimiento de la naturaleza. Durante mucho tiempo se creyó que el templo de *Portonaccio* en Veyes estaba dedicado a ella.

Atunis ha sido identificado con el Adonis griego, presenta todas sus características y, generalmente, es representado en compañía de *Turan*, la diosa del amor para los etruscos.

Cautha (*Cath*, *Usil*, *Cathesan*), son todos ellos nombres aplicados a una o varias divinidades relacionadas con el Sol. En el *Hígado de Piacenza* aparece junto a *Nethuns*. *Cautha* podría ser una divinidad femenina, la hija del sol; su nombre aparece en santuarios de Cortona, Populonia, Magliano y Tarquinia. En unas antefijas de Pyrgi aparece coronada por rayos solares, pero aquí cambia su nombre por el de *Usil* e indudablemente es una divinidad masculina. En un espejo de Orbetello, *Catha* es una divinidad solar.

Cels, se trata de la tierra a tenor de una pequeña inscripción que hace esta identificación. No poseemos ninguna imagen de ella, lo que hace suponer que esta divinidad tal vez se remonte a la época en la que la religión etrusca era anicónica.

Charun. Demonio etrusco de la muerte que atormenta a los difuntos en la ultratumba. Es otro de los guardianes de la entrada al Más Allá, que suele ser representado con pico de buitre, orejas puntiagudas y provisto de alas y un martillo que es su atributo. Ha sido puesto en paralelo con el griego Caronte. Su figura es omnipresente en la Tumba del Cardenal en Tarquinia, donde aparece representado dieciocho veces; y en la de Los Carontes de la misma ciudad. También se le representa sobre sarcófagos.

Cilensi, junto con *Cilen* y *Tin Cilen*, era una divinidad, probablemente, de carácter infernal; su relación con *Tinia Calusna* y la equiparación al Zeus Ctónico, podría ser una explicación para este dios.

Culsans (*Culsu*), divinidad muy relacionada con *Vanth* cuya misión era vigilar la entrada a la ultratumba, es el dios de la puerta y al igual que el Jano romano tenía dos caras, una mirando hacia delante y otra hacia atrás. En Cortona ha aparecido una imagen votiva de esta divinidad, sus atributos eran la antorcha y las tenazas.

Evan, diosa que entre los etruscos era personificación de la inmortalidad, era una de las *Lasa*.

Februus. Dios de ultratumba y de la purificación. A él estaba dedicado en el calendario romano, tal vez por influencia etrusca, el mes de febrero.

Feronia. Diosa etrusca de fuego y de la fertilidad que podría estar en relación con la Vesta romana.

Fufluns (*Paxa*), en el Hígado de Piacenza *Fulfluns* aparece entre las divinidades ctónicas. Es el dios de la vegetación, la vitalidad y el regocijo, lo que le lleva a ser comparado con el griego Dionisio o con el romano Baco, haciéndole ser el protector del vino y de la vid. Aparece representado en un trípode de Vulci y los atenienses le relacionaban con los piratas tirrenios. Su culto debió enraizarse profundamente en Etruria y no era bien visto por los romanos que desencadenaron una fuerte represión contra los que lo practicaban en el año 186 a.C., en virtud del *senatusconsultum de Bacchanalibus*, por el que se prohibía la celebración de bacanales y a los ciudadanos romanos o latinos participar en ellas; Tito Livio hace un detallado relato de los sucesos (XXXIX,6-19).

Hercle (Hércules), hijo de *Uni*, entre los etruscos es un dios documentado desde las épocas más antiguas, con referencias que se remontan al siglo VII a.C., algo que no sucede entre los griegos, cuya aparición es algo más tardía. En Etruria posee la misma mitología que en Grecia.

Horta. Divinidad, probablemente femenina, relacionada con las cosechas y la agricultura.

Laran es un dios etrusco documentado a partir del siglo IV a.C., por lo que no aparece en el *Hígado de Piacenza*. Todas las representaciones de este dios poseen una fuerte influencia griega, un joven desnudo, con casco y portando una lanza. El indudable carácter guerrero del dios lleva a pensar que la famosa estatua del Marte de Todi sea una representación de *Laran*. Otras muchas representaciones suyas han aparecido en depósitos votivos.

Lasa. Conjunto de jóvenes divinidades de sexo femenino, que aparecen en el *Hígado de Piacenza*. Son felices, elegantes, raramente son representadas desnudas; suelen ir vestidas lujosamente, llevando joyas, collares, brazaletes y pendientes. En ocasiones llevan corona y alas y vuelan alrededor de *Turan*, la diosa del amor. Uno de sus atributos es el alabastrón de perfume. Con todas estas características aparecen representadas en los espejos. Podrían ser asimiladas a las ninfas griegas, aunque su naturaleza tenga poco en común.

Letham (*Lethns, Lethms, Letha, Leta*), por el número de veces que aparece citada esta divinidad, bajo diferentes formas, en el *Hígado de Piacenza*, debía ser una de las más importantes, pero en cambio no parece documentada gráficamente en las escenas de los espejos, tan sólo es nombrada en ellos una vez. Desconocemos su sexo; existen algunas propuestas de identificarla con una divinidad guerrera del tipo de Vesta y por su posición en el *Hígado de Piacenza* puede tener atribuciones ctónicas o relacionadas con la fertilidad.

Losna, parece ser que era una diosa de carácter astral, a la que probablemente se puede poner en contacto o identificar con la luna.

Lusi (*Lusa*), es una divinidad que aparece en el *Hígado de Piacenza* partiendo del dominio de *Uni* y atravesando el de *Tecum*, desconocemos sus características y su importancia. Parece mencionada como *Lusa* en el *Liber Linteus*, para J. R. Jannot podría ser un nombre de culto o la contracción del nombre de una divinidad ausente en la documentación que ha llegado hasta nosotros.

Mania y *Mantus*, son otros dos de los guardianes de ultratumba encargados de vigilar las almas de los que allí habitan.

Menrva (¿*Tecum*?), diosa que fue asimilada a la Atenea griega y que muy probablemente es el origen de la Minerva latina, pues la forma más antigua de este nombre es *Menarva* y recibe el mismo nombre en las lenguas sabina y falisca. Conocemos dos importantes templos dedicados a ella, el de Portonaccio y el de Santa Marinella, desempeña un papel importante en el frontón del templo de Pyrgi y se han encontrado numerosas estatuas votivas suyas. Al igual que Atenea es portadora de casco, lanza y escudo. En algunos espejos se representa su nacimiento, saliendo, con todas sus armas, de la cabeza de *Tinia*. En Etruria debían tener entre sus atribuciones alguna componente ctónica y poseer también algún poder adivinatorio, a lo que se añadiría, posteriormente, un cierto carácter guerrero.

Nethuns era un dios originario de Umbría que extendía su reino sobre las aguas, primero sobre los ríos y las fuentes y luego también sobre el mar lo que llevó a que fuera identificado con el griego Poseidón o con el romano Neptuno. Sus atributos eran el tridente, el ancla, el caballo marino y el delfín. En ocasiones es representado haciendo brotar el agua del sol. A partir del siglo IV a.C., su imagen aparece ya completamente definida. Su nombre aparece sobre monedas, probablemente acuñadas en Vetulonia.

Nortia era la diosa del destino y de la fortuna. Su atributo era un clavo de grandes dimensiones que al comienzo de cada año era clavado en el muro de su santuario. Para muchos autores se trataba de un ritual de fertilidad favorecedor de las cosechas y propiciador de buenos augurios; otros consideran que se trataba de un ritual de expiación y finalmente hay quien considera que tan solo era el símbolo de la finalización del año.

Satre, es un dios desconocido sobre el que se ha especulado, por la colocación que tiene en el *Hígado de Piacenza*, su relación con el Saturno romano.

Selvans (*Selva*). Su nombre aparece dos veces en el *Hígado de Piacenza*. Se han encontrado una buena cantidad de bronces dedicados a este dios, que ha sido considerado como el predecesor del romano Silvano. Su principal función era la de divinidad de los bosques, vigilando los límites entre los lugares cultivados y los que no lo estaban de los que era el garante en lugares como Volsena y Cortona.

Sethlans (*Velchans*), por el nombre, parece también que era un dios importado, dado que no aparece en el *Hígado de Piacenza*. Pudo ser asimilado al griego Hefaístos y de él tomar sus atributos y funciones como dios protector del fuego y de los herreros. Suele aparecer junto a un personaje de nombre *Teru* desconocido en los mitos griegos. Es interesante la relación que pudo existir entre esta divinidad etrusca y otra que sí que aparece en el *Hígado de Piacenza, Velchans,* identificado con el Vulcano romano, cercano por su ubicación en el hígado al mundo subterráneo y que para algunos autores ambos podrían ser expresiones de un mismo dios.

Suri, era una divinidad documentada en Pyrgi, Tarquinia, Vulci y Viterbo. Probablemente tenía carácter masculino y suele ir asociada a *Selvans* y a *Cautha.*

Tages. Dios etrusco de la sabiduría. Tenía la virtud de aparecer de un surco recién hecho en el campo para enseñar a los campesinos las artes de la adivinación y de los presagios. Su iconografía es muy particular, representado como un hombre joven en el que las piernas han sido sustituidas por serpientes.

Tecum, desconocemos casi totalmente la naturaleza de esta divinidad que algunos identifican con *Menvra,* considerando que se trata de una misma diosa, por el lugar que ocupa en el *Hígado de Piacenza,* parece que ambas están muy próximas.

Thalna. Diosa etrusca relacionada con el parto y con el nacimiento. Probablemente era amante de *Tinia* en cuya compañía aparece frecuentemente representada.

Thesan. Diosa del amanecer que presenta semejanzas con la Aurora romana. También se la considera protectora de los partos.

Tluscv (*Tlusc*), se documenta únicamente en el *Hígado de Piacenza*. Puede tratarse de una divinidad relacionada con la haruspicina.

Tuchulca. Demonio de ultratumba que presenta muchas semejanzas con *Charum*. Al igual que él es una divinidad alada con pico en la boca y serpientes en lugar de cabellos.

Turan era la diosa del amor, comparable con la Afrodita griega o con la Venus romana, que en la época arcaica recibió culto en la casi totalidad de las ciudades etruscas. Se convirtió en la diosa protectora de Vulci. Dio nombre a uno de los meses del calendario etrusco (*turane*, julio). Algunos autores consideran que en Orvieto pudo tener un cierto carácter ctónico, dado que una estatua suya ha aparecido en un santuario funerario de la necrópolis de Cannicella, aunque esto no parece que fuera generalizado, como tampoco la relación de la diosa con los santuarios donde se practicaba la prostitución como el de Pyrgi. Generalmente es representada como una mujer alada. A partir del siglo IV a.C., adquiere prácticamente todas las características de la Afrodita griega.

Turms era un dios con una doble faceta, la de mensajero y la de ultratumba, que se convirtió en el equivalente al griego Hermes. Aparece frecuentemente representado en los espejos que van decorados con temas mitológicos y frecuentemente acompañado de *Tinia*, *Uni* y *Menvra*. No parece que recibiera un culto específico en ninguna ciudad; de él no se han encontrado exvotos en los depósitos votivos, y las monedas de Populonia en las que los investigadores creyeron ver grabada la efigie de esta divinidad, en realidad han sido atribuidas a *Sethlans*.

Uni. Es la diosa suprema del panteón etrusco, ocupando un lugar de privilegio en el *Hígado de Piacenza*; reina sobre el cosmos junto a su marido *Tinia*, y junto a la diosa *Menvra* forma la tríada principal de la religión etrusca. Suele ser representada con armas y la cabeza cubierta con una piel de cabra. En alguna ocasión aparece en el juicio de Paris. Parece identificada con la Juno romana y con la Hera griega, mientras que los cartagineses en el templo que tenía dedicado en Pyrgi, la nombran como Astarté, divinidad celeste al igual que *Uni*. Aparece mencionada en el *Liber Linteus*, y poseía santuarios en Capua, Caere, Perugia y Veyes; probablemente era la diosa protectora de Cortona. Tiene relaciones de amor/odio con Hércules, con el que combate y se reconcilia constantemente. Esta relación aparece bien documentada en los relieves de los espejos.

Vea es una divinidad próxima a Demeter. Recibió culto en la zona de Gravisca y en el santuario de Cannicella en Orvieto, su nombre aparece también en un buen número de terracotas votivas de Caere, y en inscripciones, sin embargo nada sabemos de sus atribuciones.

Vanth, era una divinidad femenina, portadora de antorcha que hacía de guía e iluminaba los caminos del Más Allá para favorecer el paso de los difuntos; era la mensajera de la muerte y podía asistir a los enfermos en el momento de la defunción. En ocasiones aparece como dos genios femeninos portadores de las llaves. Todo ello hace que sus atributos fueran la serpiente, la antorcha y la llave. Podría estar íntimamente relacionada con *Culsans*.

Vetsil Veive, se trata de una divinidad difícil de definir, representada como un joven con corona de laurel y flechas o rayos en la mano. Puede tratarse del dios desfavorable, infernal y que patrocina la venganza, que para muchos investigadores es la versión etrusca del *Veiovis* latino, que ocupa su puesto junto a la puerta del mundo de los muertos.

Voltumna (*Tinia*), era el dios principal de los etruscos, protector de la federación etrusca y venerado en el *Fanum Vultumnae*, lugar de reunión y de toma de decisiones del pueblo etrusco. Su importancia es confirmada por escritores clásicos como Varrón (*De Lin, Lat.* V,46) quien dice de él que era el dios principal de los etruscos. Sin embargo, de él apenas existen menciones que le señalen como tal. Por el contrario *Tinia*, con los mismos atributos y funciones, sí aparece muy frecuentemente en la documentación etrusca. Séneca

(*Nat. Quaes.* II,45,1-3) dice de él que reina sobre el universo y su nombre aparece en cinco lugares del *Hígado de Piacenza*. Fue identificado plenamente con Zeus y adquiere todas sus características, incluidas las ctónicas. Recibió culto en dos santuarios de Orvieto, en Tarquinia, en Arezzo, en Bolsena y en todo el norte de Etruria.

Los rituales adivinatorios

La adivinación y la interpretación de los prodigios hicieron famosos a los etruscos y sus servicios fueron siempre requeridos y apreciados entre el resto de las poblaciones itálicas.

Para los etruscos, toda acción humana estaba condicionada por la voluntad de los dioses, por lo tanto, antes de comenzar alguna nueva empresa, fuera cual fuera, era imprescindible consultarles para saber si les eran favorables o no.

La preocupación por estos temas llevó a los etruscos a la necesidad de tener a su disposición unos manuales o prontuarios, que contuvieran las normas precisas de cómo debían interpretarse cada una de las señales que los dioses enviaban a los mortales. Es así como surge lo que los romanos llamaron *la disciplina etrusca* que formaba un minucioso corpus, recogido en libros, de todos los rituales y ritos divididos en seis grandes bloques:

- Los *Libri Haruspicini*, que fueron revelados al joven Tages, que contenían la interpretación de la voluntad divina a la hora de interpretar las vísceras de los animales.
- Los *Libri Fulgurales*, revelados por la ninfa Vegoia, que contenían la interpretación de los rayos.
- Los *Libri Rituales*, revelados también por la ninfa Vegoia, que contenían la división de la bóveda celeste, y los rituales que debían seguirse en la fundación de ciudades y santuarios.

- Los *Libri Acherontici*, en ellos Tages expone las creencias de ultratumba y dictan las normas para la realización de los rituales de salvación.
- Los *Libri Fatales*, en los que se exponían los diez signos de vida que el destino concedía a la nación etrusca.
- Los *Libri Ostentaria*, que contenían la interpretación de los prodigios y los fenómenos naturales.

Tages y Vegoia jugaron un papel destacado en la fijación por escrito de la disciplina etrusca y su presencia hace que ésta se integre dentro del grupo de las religiones reveladas, aunque éste es un punto largamente discutido por los investigadores.

El papel de Tages el niño/viejo de inmensa sabiduría en la formación de la religión etrusca, fue recogido ya por varios autores clásicos, como Cicerón y Ovidio, que dejaron el relato de cómo se produjo esta revelación. Cicerón, en *De divinatiote* II,23, señala:

Pero ¿por qué alargarnos? Veamos el origen de la haruspicina; así juzgaremos de un modo más fácil qué autoridad tiene. Se dice que un campesino, mientras que araba la tierra en el territorio de Tarquinia, hizo un surco más profundo de lo acostumbrado; de él saltó de improviso un cierto Tages y dirigió la palabra al que estaba arando. Este Tages, por lo que se lee en los libros de los etruscos, tenía el aspecto de un niño, pero la sabiduría de un viejo. Habiendo quedado asombrado por esta aparición el campesino, y habiendo dado un alto grito de asombro, acudió mucha gente, y en poco tiempo toda Etruria se reunió allí. Entonces Tages habló largamente ante la muchedumbre de oyentes, que permanecían escuchando con atención todas sus palabras y luego las pusieron por escrito. La integridad de su discurso contenía la ciencia de la haruspicina; ella luego se acrecentaría con el conocimiento de otras cosas que fueron reconducidas a aquellos mismos principios. Eso es lo que hemos aprendido de los etruscos, los escritos que ellos conservan y que consideran como el manantial de su doctrina.

Ovidio, en las *Metamorfosis* (XV,553) es mucho más breve que Cicerón a la hora de hablar de Tages y dice:

El hijo de la Amazona no quedó menos sorprendido que el agricultor tirrenio, cuando vio en su campo un terrón moverse por sí mismo, sin que el arado le agitase, y despojarse de su forma, tomar la de un hombre, y comenzar la vida abriendo la boca para predecir el futuro. Los indígenas le llamaron Tages. Fue el primero en enseñar a los etruscos el arte de adivinar el futuro.

El tema del niño que es un experto en cosas divinas va a ser una constante en el mundo greco-romano, e incluso pasará al cristianismo. La redacción de los libros revelados por Tages fue encomendada al mítico Tarchon, el fundador de Tarquinia.

Es indudable que la revelación de Tages concedía a Tarquinia una cierta posición de privilegio, al menos moral, en todo lo relativo a la revelación de las artes adivinatorias. Esta posición, en cierta medida, se verá contrarrestada por Chiusi, donde la profetisa Vegoia, para algunos una ninfa, va a realizar la revelación de las normas imprescindibles que deben seguir los etruscos a la hora de limitar terrenos, realizar obras hidráulicas y llevar a cabo la fundación de ciudades. Su revelación se la hace a Arruns Velthumnus, miembro de una de las principales familias de la ciudad. Para los romanos la *Profecía de Vegoia* fue de gran importancia, hasta el punto de que una copia era conservada en el templo de Apolo Palatino, junto a los *Libros Sibilinos* y los *Libros de los Marsos*.

La interpretación de las vísceras

Si comenzamos por los *Libri Haruspicini*, es decir, por la interpretación de las vísceras para determinar la voluntad de los dioses y averiguar el futuro, sabemos que los etruscos se servían de pulmones, bazo, corazón, pero fundamentalmente del hígado de los animales sacrificados. Estos animales habían sido elegidos expresamente para este fin, en ocasiones incluso criados, y debían ser inmaculados; por lo general se trataba de bueyes y ovejas pero, en ocasiones excepcionales, también caballos; las vísceras les eran arrancadas cuando todavía estaban palpitantes dentro del animal.

El *haruspex*, a la hora de hacer su predicción, debía tener en cuenta todos los detalles: el color, la forma, las dimensiones, pero sobre todo si tenían algún defecto, alguna protuberancia irregular o alguna mancha, que dependiendo de la zona en la que estuvieran, podían tener un significado favorable o negativo. En función de lo que observaran, le daban diferente nombre a las vísceras. Eran mudas, y por tanto no utilizables, lo que significaba que debían sacrificar otra víctima, cuando no había nada apreciable en ellas que sirviera para hacer un pronóstico; auxiliares, cuando ante un peligro inminente indicaban la forma de evitarlo; gratas, cuando anunciaban honores o beneficios; perniciosas, cuando anunciaban desgracias.

El hígado, considerado como el lugar de donde procedían el amor, la ira o la inteligencia, era la víscera que más información proporcionaba al *haruspex*, en él estaba contenida la bóveda celeste y cualquier irregularidad o falta de ella indicaba mensajes del dios que ocupaba esa zona. Recordemos a este respecto el *Hígado de Piacenza*, donde los dioses están metidos en casillas y ocupan determinado lugar en él dependiendo de sus características favorables o no; este tipo de objetos, ya fuera en bronce o en terracota, eran utilizados para la instrucción de los jóvenes en su aprendizaje como futuros *haruspices*.

La interpretación de los rayos

La interpretación de los rayos, contenida en los *Libri Fulgurales*, alcanzó también una gran difusión y siempre que tenía lugar uno de estos fenómenos se hacía necesaria su interpretación, pues era un signo divino que en ningún momento debía ser pasado por alto. Se trataba de una ciencia muy compleja, dado que se basaba en una casuística numerosísima. Tenía tanta importancia el lugar como el día en el que se producían, además debía considerarse la forma, el color y los daños que provocaban.

Varias eran las divinidades que tenían la capacidad de producir este fenómeno, pero de todas ellas, solamente Tinia tenía a su disposición tres rayos, el primero para advertir, el segundo para aterrorizar y el tercero para devastar. En el lugar en el que caía uno de estos rayos era obligada la construcción de una tumba en la que se debían enterrar todas aquellas cosas que hubiesen sido afectadas por su caída, incluidas las personas, si habían muerto. El lugar, en el que se había cavado un pequeño pozo para contener todas estas cosas y se había recubierto con un túmulo de tierra, era considerado sagrado e inviolable, no podía ser pisado, pues esto era un signo de mal augurio, y era evitado por la gente.

La forma de interpretar los rayos, a falta de la versión directa de los *Libri Fulgurales*, ha sido transmitida por varios autores clásicos, como Plinio. Dice (*NH.* II, 138 y ss.), que según los tratados etruscos, el rayo podía ser descargado por nueve divinidades y que existían once tipos diferentes, tres de ellos podían ser lanzados por Júpiter. Señala que entre los etruscos se creía en la existencia de un tipo de rayos que podía salir del suelo (*inferi*) y que eran especialmente dañinos cuando se producían en invierno y que se diferenciaban de los procedentes del cielo porque éstos van en línea oblicua, mientras que los de la tierra van en línea recta y continúa:

Los que analizan con fineza especial tales fenómenos piensan que estos rayos en cuestión llegan del planeta Saturno, así como los rayos incendiarios procederían de Marte, como cuando Bolsena, riquísima ciudad de los etruscos fue completamente quemada por un rayo. Llaman, por otra parte, familiares a los rayos que aparecen cuando un individuo instituye su propia familia, y que tienen valor de profecía para toda la vida. Para el resto consideran que, los

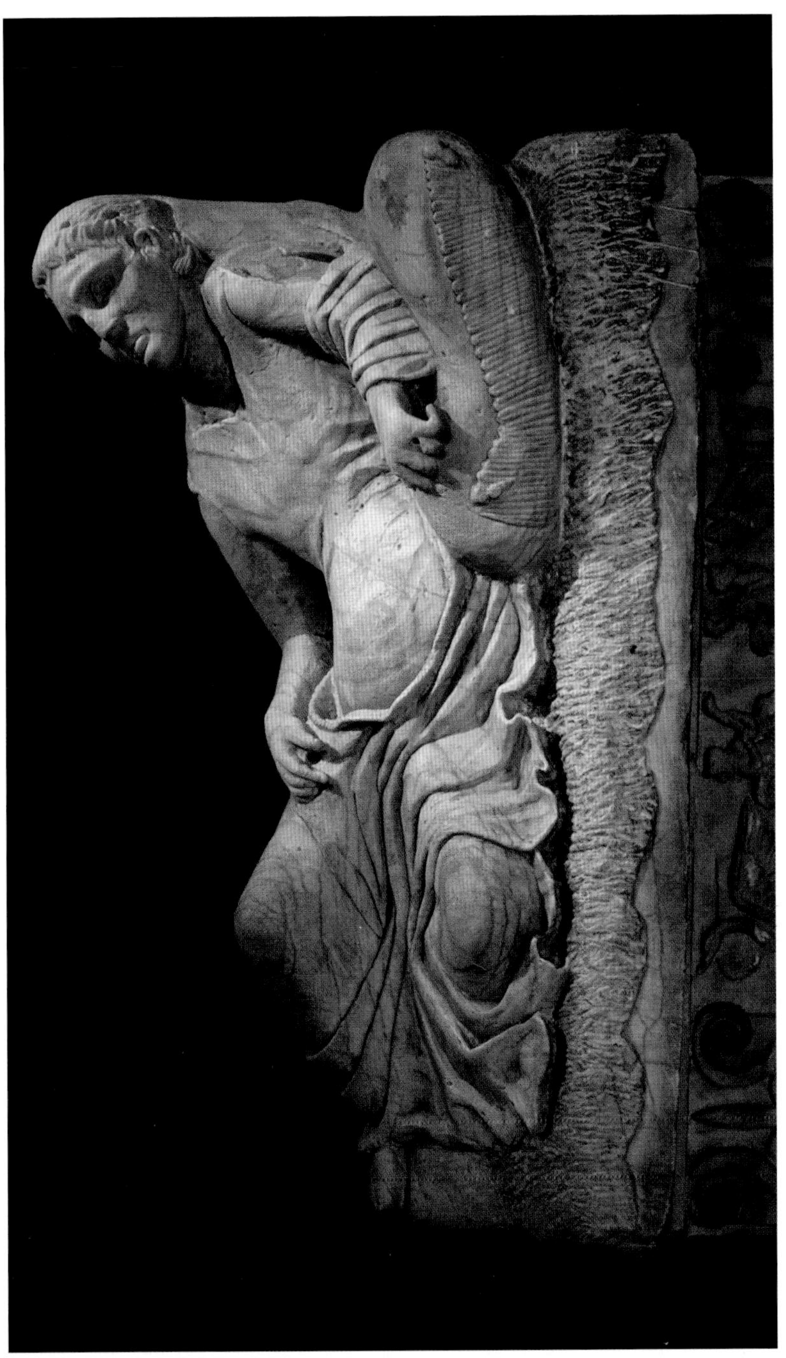

Sarcófago de los esposos. Museo de Villa Giulia. Roma. (Foto: Gli Etruschi. Bompiani).

Amazonas luchando con un griego. Sarcófago de las Amazonas. Segunda mitad del siglo IV *a.C.*

Pintura mural de la tumba de los Augures. Ca. 520 a.C. Tarquinia.

Apolo de Veyes. Estatua acrótera del templo del Portonaccio de Veyes. Finales del siglo VI *a.C. Museo de Villa Giulia. Roma.*

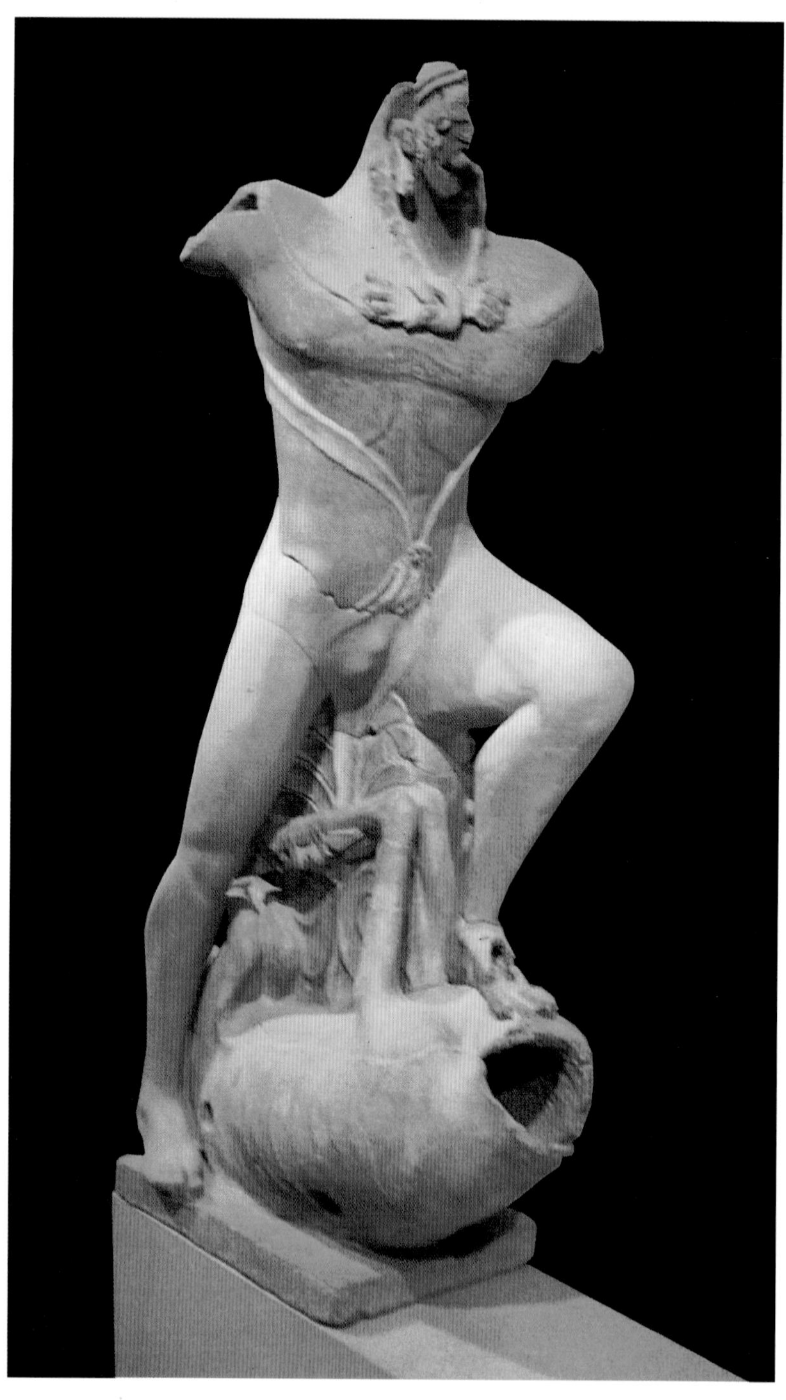

Hércules y la cierva.

Fábula de disco en oro. 670-650 a.C. Tumba Regolini-Galassi.
(Foto: J. Cabrero).

Cabeza de Hermes.

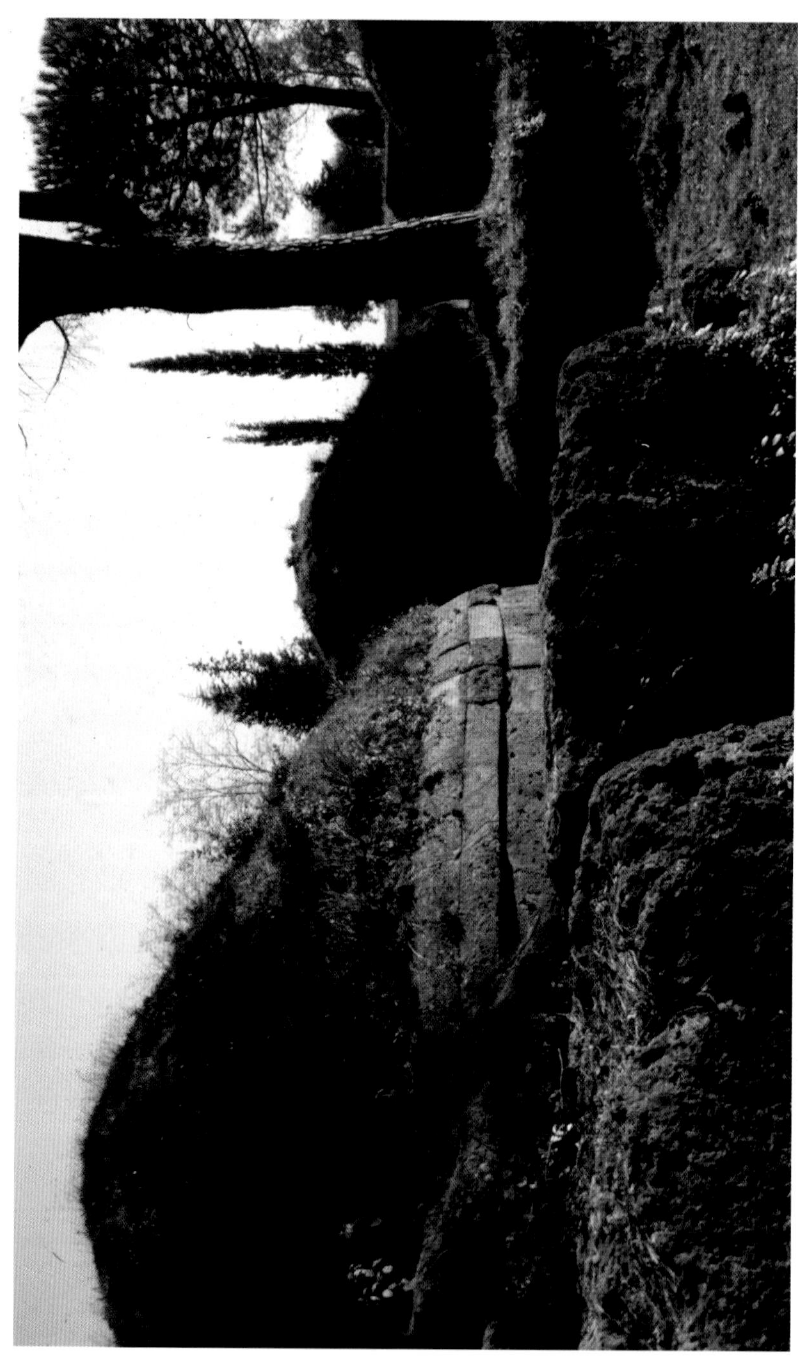

Túmulo Etrusco. Necrópolis de Cerveteri.
(Foto: J. Cabrero).

Marte de Todi. Museo Gregoriano Etrusco. Vaticano. Roma.
(Foto: J. Cabrero).

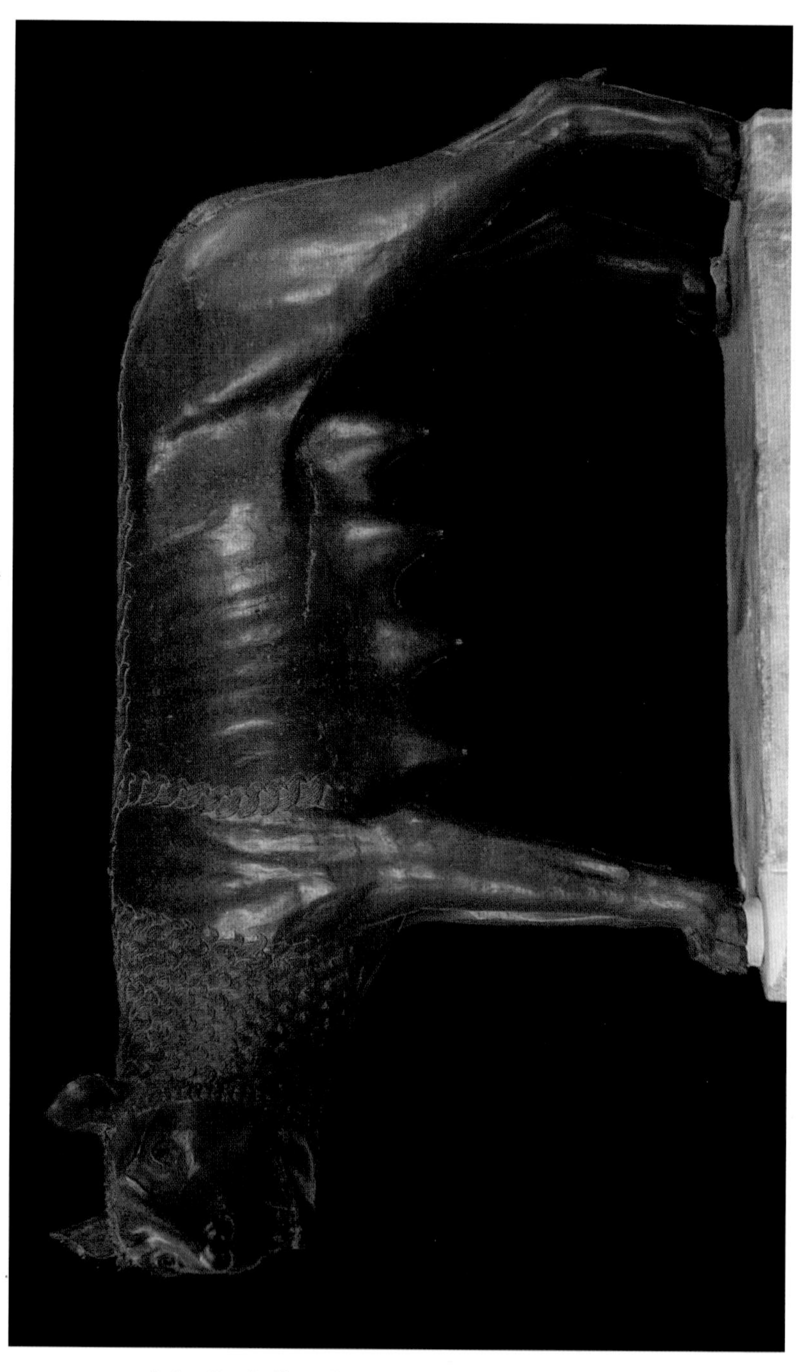

Loba Capitolina. Bronce etrusco del siglo V *a.C.*
(Foto: J. Cabrero).

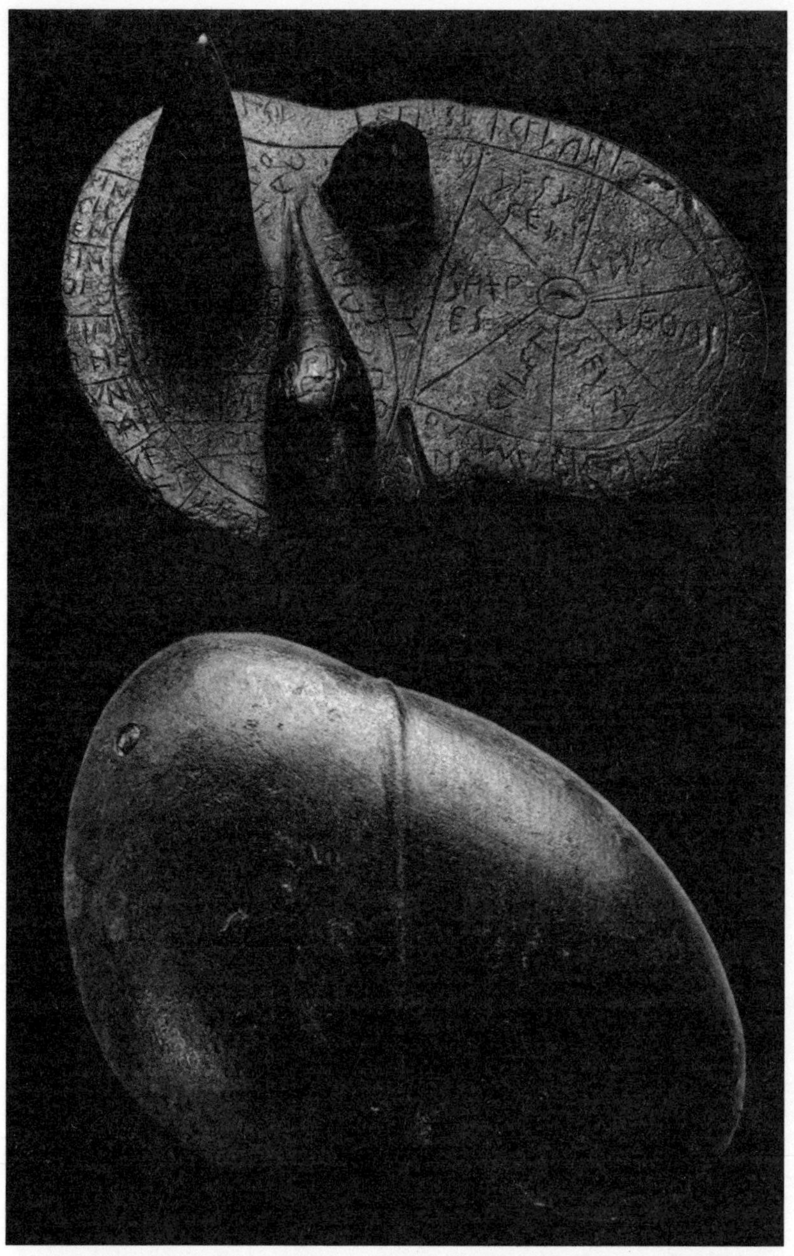

Modelo de hígado utilizado en las artes adivinatorias, en bronce. Finales del siglo II *a.C. Settima (Piacenza). Museo cívico de Piacenza. (Foto: Gli Etruschi, Bompiani.)*

que se refieren a cosas privadas, el campo de acción de la profecía no supera los diez años; hacen excepción de los rayos que acompañan a la formación de un patrimonio, o también al día del nacimiento; en cuanto a los rayos de «estado» no superan los treinta años de validez, salvo para los de fundación de una nueva ciudad.

(*NH.* II, 139)

Considera Plinio que según la tradición, alguno ritos podían obtener rayos, como el que el rey Porsena logró para aniquilar al monstruo Volta cuando se acercaba a la ciudad de Bolsena. Dice, que según los etruscos, los rayos que aparecen por la izquierda son favorables, porque el amanecer tiene lugar por el lado izquierdo del cielo, y tras señalar cómo los etruscos habían dividido el espacio celeste, continúa diciendo:

Por ello es decisivo saber de donde han venido y donde han ido a parar los rayos. El caso mejor es cuando regresan hacia las zonas orientales.

Por eso, si han venido de la primera zona del cielo, la interpretación será que anuncian grandes bienes; como el presagio, que según se dice, le tocó en suerte al dictador Sila. Los tres rayos son, según la zona celeste a la que pertenecen, o menos faustos, o de mal augurio. Ciertos rayos (se cree) no es lícito ni declararlos, ni hablar de ellos, sino cuando se revelan a su huésped o padre. La gran futilidad de esta observacion fue contrastada cuando el templo de Juno en Roma fue golpeado por un rayo bajo en el consulado de Scauro, quien muy pronto se convirtió en princeps senatus.

Rayos sin trueno son más comunes de noche que de día. Sólo un ser viviente, el hombre, logra sobrevivir al rayo: los demás mueren por su golpe.

(*NH.* II, 143-145)

Plinio continúa con su descripción de los rayos, de sus tipos y cómo afectan a quienes son golpeados por ellos, cómo evitan a ciertos arbustos, y cómo a lo sumo pueden penetrar cinco pies en la tierra, por lo que para defenderse de ellos es seguro esconderse en profundas cavernas.

Séneca, en el libro II de sus *Naturales Quaestiones* hace una larga exposición sobre la formación de truenos y de rayos, las propiedades proféticas de los rayos, de los que dice son los encargados de anunciar el futuro (II,32-41), así como su clasificación. Según él, la ciencia de los rayos se divide en tres, la observación, la interpretación y la conjuración. Opina que la presencia de un rayo anula todos los demás presagios y lo que anuncia es irrevocable y no puede modificarlo ninguna otra señal.

La interpretación de los prodigios

Los etruscos también alcanzaron fama entre los romanos por ser expertos en la interpretación de cualquier tipo de prodigios. Como ya dijimos, la interpretación de los prodigios estaba contenida en los *Libri Ostentaria*, y ocupaban un lugar, hasta cierto punto secundario, aunque no por ello despreciable, a la hora de interpretar el futuro y la voluntad de los dioses. Según Varrón existían varios tipos de prodigios, una clasificación que probablemente tomó de los etruscos unos, los más importantes, predecían el futuro (*ostentum*), mientras que el resto simplemente manifestaban algo extraordinario o servían para realizar una advertencia. Era por tanto una clasificación que distinguía los fenómenos completamente extraordinarios, que raramente se volvían a repetir de aquellos, que aún siendo portentosos, se producían con relativa frecuencia.

Entre los prodigios habría que citar tres tipos de lluvias, la de piedras, la de sangre y la de leche, también se consideraban prodigios los animales capaces de hablar, las estatuas que sudaban, la aparición en el cielo de cometas, que tendrían un tratamiento semejante a los rayos, el granizo. Habituales, aunque muy nefastos, eran el nacimiento de animales monstruosos, como podían ser vacas con varias cabezas o niños gravemente anormales, como los hermafroditas, que eran considerados muy funestos.

Cuando se producía alguno de estos símbolos funestos, en el caso de los hermafroditas eran encerrados en cajas y arrojados al mar, mientras que los restos de los animales deformes eran quemados en una hoguera alimentada con árboles que eran considerados funestos como el cornejo, el escaramujo y en general todos aquellos que den bayas negras, con excepción del laurel, que aunque poseía bayas negras era considerado como un árbol de buena suerte.

Debemos tener en cuenta, como hemos podido ya observar, que todos los datos que poseemos con respecto a la interpretación de los prodigios proceden de fuentes romanas, como por otra parte suele ser habitual a la hora de enfrentarnos a muchos de los temas relativos a la civilización de los etruscos. Además, en el caso que nos ocupa tenemos el agravante de que suelen ser todas ellas informaciones bastante tardías, así que lo etruscos puede estar ya muy mezclados con lo romano o incluso con las aportaciones de otros pueblos que también influyeron en la cultura romana.

Las creencias funerarias

Las creencias y las prácticas funerarias etruscas alcanzaron un especial desarrollo bajo el presupuesto de que la actividad del individuo tenía continuación después de la muerte; la tumba, en un primer momento estaba ligada a esta supervivencia y era misión de los familiares asegurarse de que nada impediría fuera así. A partir del siglo V a.C., por influencia griega, esto cambia y las antiguas creencias son sustituidas por la convicción en la existencia de un mundo de los muertos, semejante al Hades o al Averno, al que los difuntos, tras la muerte, deben viajar.

El Más Allá

Para los etruscos, el reino de los muertos se localizaba en el mundo subterráneo, que así se convierte en el tercer componente del mundo místico, junto al mundo celeste y al mundo terrestre.

Sobre el mundo subterráneo, nuestra principal fuente de información, al igual que para otros muchos aspectos de la vida de los etruscos, son las tumbas y un cuantioso número de inscripciones.

Los etruscos creían en la existencia de la sombra del difunto, algo que con el paso del tiempo evolucionó, tal vez por influencia griega, hacia el concepto de alma, *hinqial*, nombre éste que aparece en numerosas ocasiones ligado a los difuntos, como en el caso del sacrificio de los prisioneros troyanos en homenaje a Patroclo, de la Tumba François de Vulci, donde junto al personaje que es el beneficiario de estas ofrendas aparece la inscripción *hinqial patrucles* (sombra de Patroclo); en un espejo de Vulci del siglo IV a.C. y en la Tumba del Ogro de Tarquinia, se ha representado el alma de Tirésias (*hinqia teriasals*), y la de Andrómaca lo está en una crátera de Vulci de finales del siglo IV.

Los ajuares funerarios, la decoración pictórica de tumbas y urnas y los relieves de urnas y sarcófagos, nos hablan todos de un mundo de ricas creencias que los etruscos comenzaron a desarrollar ya desde el Villanoviano y, muy probablemente, desde épocas anteriores. Los ajuares de las tumbas villanovianas, poco cuantiosos en objetos y todos ellos muy uniformes en cuanto a su riqueza material, nos hablan ya de la creencia en que el difunto iba a necesitar sus cosas más preciadas, por lo que era enterrado con ellas, esta necesidad de cosas más allá de la muerte es un claro indicativo de que, entre los etruscos, estaba extendida la creencia en una vida de ultratumba. A partir del siglo VII a.C., comienzan a aparecer las grandes tumbas tumulares de Caere, Cortona o Tarquinia, que se agrupan en extensas necrópolis, convertidas en auténticas ciudades de los muertos.

Las urnas de la primera época tendían a imitar, primero cabañas, y luego, con el paso del tiempo, casas más evolucionadas. Esta preocupación porque la morada del Más Allá se asemeje a la que ocupaba el difunto en vida, se ve confirmada también en la estructura y la distribución de los grandes túmulos, que se construyen a imitación de las casas y se decoran con puertas, ventanas y muebles, en ocasiones pintados y en otras esculpidos; en algunas paredes se pintan escenas de la vida cotidiana, en ellas abundan los banquetes, que en muchas ocasiones se han interpretado como el banquete de despedida del difunto, en el que participan todos sus familiares y amigos. Pero también hay escenas sobre el camino y las penalidades que debe pasar el difunto hasta llegar al Más Allá. En ocasiones las tumbas familiares aparecen agrupadas y pueden abarcar varias generaciones. Con todo esto se pretende, como decíamos, que la tumba se convierta en la morada del difunto y de su sombra.

Con la evolución de los rituales funerarios, comienzan a producirse cambios en los recipientes destinados a contener al difunto, así aparecen un tipo especial de urnas, incorrectamente llamadas canopos, y sarcófagos de forma antropomorfa, que seguramente intentan reflejar la imagen del difunto. A partir del siglo V a.C., estas urnas funerarias, que hasta ese momento habían sido principalmente de terracota, comienzan a fabricarse también en piedra, buen ejemplo de ello es la serie procedente de Chiusi; sin embargo, en otras ciudades continúan modelándose en barro, como en Cerveteri, de donde procede el famoso sarcófago de los esposos de Villa Giulia, en la tapa, dos esposos, recostados, han sido reproducidos mientras toman parte en una reunión social, probablemente un banquete. Esta misma actitud es muy repetida en los sarcófagos etruscos y tenemos muchos ejemplos de ello.

Por las representaciones de los sarcófagos y de las tumbas, sabemos que los etruscos creían que tras la muerte, el difunto daba inicio a un viaje que le iba a conducir al Más Allá. Así se interpreta la escena de una urna de Vulci, donde un joven monta un caballo marino, evocando claramente un viaje mítico; algo parecido se representó en la Tumba de los Toros de Tarquinia, donde un adolescente cabalgando un hipocampo se dirige hacia una isla. La repetición del tema del jinete y el hipocampo en las tumbas y en los sarcófagos, ha llevado a pensar que este animal debía tener propiedades psicopompas, es decir, que era un conductor de almas, en época tardía fue sustituido por centauros marinos y dragones acuáticos. Se trata, por tanto, de la evocación de un viaje en el que el muerto, cabalgando monstruos marinos, debía atravesar el océano en busca de la morada del Más Allá. Nos encontramos ante dos creencias que pueden parecer contradictorias: por una parte, la preparación de la tumba, a semejanza de la casa que el difunto ocupaba en vida, con los ricos ajuares y decoración, concebida como morada eterna, contrasta con la idea de un viaje al Más Allá, un más allá, al que para llegar hay que atravesar el océano, creencia tal vez importada de la Magna Grecia.

El viaje al más allá de la sombra o del alma del difunto, aparece representado, sobre todo a partir del siglo IV a.C., en algunas tumbas. En él tienen un destacado papel los guías. Lo más habitual es que este viaje esté representado como un recorrido que se hace desde la derecha hacia la izquierda, desde Oriente hacia Occidente; el viaje se hace por vía terrestre, y el difunto o bien camina al paso de los caballos, o va en un carro cubierto, o montado en una biga, en este viaje va acompañado por *Vanth*, o por *Charum*, que le iluminan el camino con una antorcha.

Rituales y culto a los muertos

Tanto el ritual funerario, como el culto dispensado a los difuntos va a estar condicionado por el tránsito de la época villanoviana a la orientalizante y luego al clasicismo etrusco.

En la Italia central, durante la época villanoviana, convivían los rituales de incineración con los de inhumación, incluso dentro de las mismas poblaciones, lo que ha llevado a los investigadores a plantearse la hipótesis, de que unas u otras prácticas indicarían la distinta procedencia de las poblaciones que ocupaban ese territorio.

En la zona etrusca, y en la época villanoviana, el ritual funerario más habitual era el de la incineración; el difunto, tras ser quemado, era depositado en unos vasos llamados «bicónicos», que tienen como característica el poseer un único asa, y éste era depositado en un pozo excavado en la tierra, cuyas paredes habían sido forradas con losas de piedra. En la zona de Etruria pronto se sustituyeron estos vasos «bicónicos» por urnas en forma de cabaña. Como ya dijimos, en principio los ajuares eran bastante uniformes y solamente se diferenciaban por el sexo del difunto. Con el enriquecimiento de los ajuares, a partir del siglo VIII a.C., comienzan a cambiar también los tipos de enterramiento. Así empiezan a aparecer tumbas de fosa, forradas también de losas de piedra, en las que el rito funerario cambia y la incineración es sustituida por la inhumación y comienza a apreciarse nítidamente que los miembros de una misma familia comienzan a enterrarse juntos, rodeando sus tumbas por un círculo de piedras.

A partir del siglo VII a.C., empiezan a aparecer las primeras tumbas excavadas en la roca, tal vez como resultado de las influencias orientales, y las familias continúan enterrándose juntas. Los ajuares son cada vez más ricos y las sepulturas, hasta el siglo IV a.C., adquieren carácter de monumentalidad: un largo corredor da acceso a la cámara funeraria, que unas veces está excavada en la roca y otras construida y cubierta por un túmulo artificial de tierra. Próximos a las tumbas aparecen altares destinados a celebrar en ellos el culto a los difuntos. Con la llegada del helenismo los sarcófagos se decoran cada vez más y adquieren la ya mencionada forma antropomorfa, conviviendo los rituales de inhumación con los de incineración.

El culto a los difuntos fue una de las prácticas religiosas fundamentales de los etruscos y es muy probable que algunas de sus peculiaridades pasaran a los romanos. En origen todas estas prácticas estaban ligadas a la creencia de que la actividad del difunto continuaba después de la muerte, pero para poder continuar con ella era imprescindible la colaboración de los vivos, generalmente los familiares, que eran los responsables de su supervivencia.

Los familiares estaban obligados a proporcionar al muerto una tumba en la que reposar y que, como ya hemos dicho en varias ocasiones, puesto que se iba a convertir en su nueva casa, debía estar construida a imagen de ésta y tener dentro todas aquellas cosas que pudiera necesitar, muebles, objetos de adorno, utensilios de uso cotidiano, alimentos y bebidas, etc. La cantidad y riqueza de todo ello dependía de la capacidad económica del difunto o de la familia.

Una vez se producía el óbito, daban comienzo una serie de ceremonias, muchas de las cuales las conocemos por la decoración de las tumbas o por testimonios indirectos.

La primera era la llamada *prothesis*, o exposición del cadáver del difunto; el cuerpo era colocado sobre un lecho y estaba cubierto por una pesada tela, en ocasiones bajo un pórtico de columnas; se dejaban oír los lamentos de las mujeres a menudo perfumadas. Los hombres permanecían de pie junto al lecho, expresando su dolor. De esta ceremonia no solía estar ausente la música, seguramente estridente, interpretada por un doble *aulos*.

Unida a esta ceremonia iba la de las lamentaciones, protagonizada por mujeres con toscos, y probablemente pesados, vestidos. Llevaban los cabellos despeinados y se golpeaban rítmicamente el pecho en señal de lamento.

Una de las partes esenciales de las ceremonias funerarias, era la celebración del banquete, cuyo significado ha sido interpretado de diferentes maneras por los investigadores, desde simplemente una ceremonia más en honor del difunto, a intentar recrear la vida feliz en el Más Allá, pasando por una reevocación de la vida que había tenido en la tierra, o simplemente alegrar la vida del difunto en la tumba. No existe, por tanto, una interpretación segura del significado del banquete funerario, lo que sí es cierto es que es uno de los motivos más representados en las tumbas, lo que le convierte en el acto lúdico más importante de la vida de los etruscos, tanto dentro del ámbito privado, como dentro del religioso-funerario. El banquete funerario no debía celebrarse solamente en el transcurso de las exequias funerarias, sino que, es muy probable, que se volviera a celebrar, en el interior de la tumba o no, como motivo de determinadas fiestas religiosas o en aquellos días en los que se rendía un culto especial a los difuntos. Era habitual que en algunas tumbas existiera un comedor, y hasta una cocina, e incluso en algunas han aparecido la mesa y las *klinai* sobre las que se tendían los comensales para celebrar el banquete.

Otro acto simbólico que realizaban durante las honras fúnebres era la ejecución de danzas acompañadas de música. Estas danzas también están representadas en las pinturas de las tumbas y en algunos relieves de sarcófagos. Muy probablemente tenían lugar a lo largo del recorrido del cortejo fúnebre y los bailarines solían ir acompañados por un gran número de sirvientes portando ofrendas de todo tipo, aunque no parece que ni bailarines ni músicos fueran parte de la servidumbre, y sobre todo los primeros pudieron ser parte de la familia.

En los funerales, sobre todo en el caso de los principales miembros de la sociedad, otro acto de destacado interés eran los juegos funerarios, una parte de los cuales son antecedente claro de los combates de gladiadores, que tanta fama y popularidad alcanzaron en Roma. No sabemos con exactitud el momento en que se celebraba este ritual, sin duda el más espectacular de todos los ritos funerarios, pero muy probablemente era uno de los últimos actos de los funerales, después de la inhumación, de las danzas y del banquete.

Los juegos funerarios, tal y como aparecen representados en las tumbas, se componían de varias pruebas caracterizadas todas ellas por ser de cierta violencia, como el boxeo, las carreras y ejercicios ecuestres y también carreras de carros de tres caballos, todas ellas eran competiciones agonísticas, pero también había ejercicios individuales, igualmente peligrosos, como saltos arriesgados, las luchas con animales, como la que sostiene un personaje que con la cabeza dentro de un saco con un perro que es azuzado por *Phersu*. Por las pinturas de la Tumba de las Inscripciones de Tarquinia conocemos los nombres y la extracción social de algunos de los participantes en este tipo de juegos. Los jinetes solían ser miembros de la clase alta de la sociedad probablemente jóvenes pertenecientes a las familias de los difuntos; sin embargo, los boxeadores y otros participantes eran de extracción servil.

No sabemos hasta qué punto evolucionó el culto a los difuntos en Etruria, y si acabó convirtiéndose en algo semejante al culto que los romanos dispensaban a sus antepasados, pero es de suponer que algo semejante debía existir a tenor de los numerosos indicios que poseemos.

El arte

Los etruscos fueron capaces de desarrollar un arte muy evolucionado en el que acogieron influencias orientales, griegas y fenicias fundamentalmente, pero que a su vez influyó notablemente en el arte romano. Fueron innovadores en las llamadas artes mayores: arquitectura, escultura y pintura y en sus ciudades también se produjo un gran desarrollo de las artes artesanales, motivado, fundamentalmente, por el auge del comercio.

Arquitectura[1]

La arquitectura etrusca comienza a desarrollarse a partir del siglo VIII a.C., por el contacto con las ciudades de la Magna Grecia. Los etruscos asimilaron a la perfección las influencias y la cultura griegas, sobre todo las capas más altas de la sociedad, que adaptaron las nuevas corrientes a su propia personalidad.

Las manifestaciones arquitectónicas etruscas, son el templo, la tumba y las grandes puertas de ciudades, como por lo general sucede con casi todas las culturas antiguas. En la pretensión de los etruscos no estaba la imitación global de los griegos, dado que sus ideas arquitectónicas tradicionales eran diferentes y tampoco poseían unas materias primas (mármol y caliza) de la calidad requerida. Así, por ejemplo, el templo y la tumba griegos se conciben como si de una escultura se tratase, para ser contemplados desde fuera,

---

[1] Agradecemos al Dr. Félix Cordente Vaquero el habernos permitido la consulta y la utilización literal de su original inédito sobre la arquitectura romana, del que es deudor este capítulo sobre la arquitectura etrusca.

mientras que en Etruria, el templo, construido en madera y con numerosos revestimientos polícromos, surge de una concepción fundamentalmente pictórica, algo que también ocurría en la Grecia primitiva.

En la tumba etrusca, como ya hemos visto, lo importante era lo interior y los elementos materiales como paredes, columnas, etc., son simples aditamentos de lo principal que es el espacio.

La arquitectura etrusca, aunque parta de principios similares o, incluso, idénticos tiene, pues, muy poco que ver con la griega. De Grecia, tomará prestados multitud de elementos decorativos, pero, en su intimidad, será ajena al mundo helénico, en su concepción y en su utilidad, pues los etruscos entienden, asimismo, la arquitectura no sólo como resolución de problemas espaciales, sino también urbanísticos y de ingeniería: calzadas, murallas de ciudades, traída y recogida de aguas, etc.

El urbanismo

El estudio del urbanismo de las ciudades etruscas nos presenta innumerables problemas ya que fue alterado a lo largo de los siglos por la conquista romana.

La característica más importante es la irregularidad, tanto más cuanto más antigua es la ciudad, como Vetulonia. Aquellas ciudades donde el asentamiento romano no fue tan agresivo y el medieval es casi inexistente, como Vulci, podrían aportar nuevos elementos de juicio sobre el urbanismo de las ciudades etruscas. Sin embargo, en fundaciones coloniales del siglo VI a.C. el trazado presenta una mayor regularidad, con una vía principal de anchura comparable a la de las ciudades helénicas.

En ciudades como Marzabotto, el urbanismo es netamente helénico, de trazado ortogonal, tanto en la acrópolis como en la propia ciudad, con manzanas de unos 35 metros de lado, articulándose esta última en torno a una gran arteria, en dirección norte-sur, de unos 15 metros de anchura, cinco de ellos dedicados a la avenida central y los restantes a

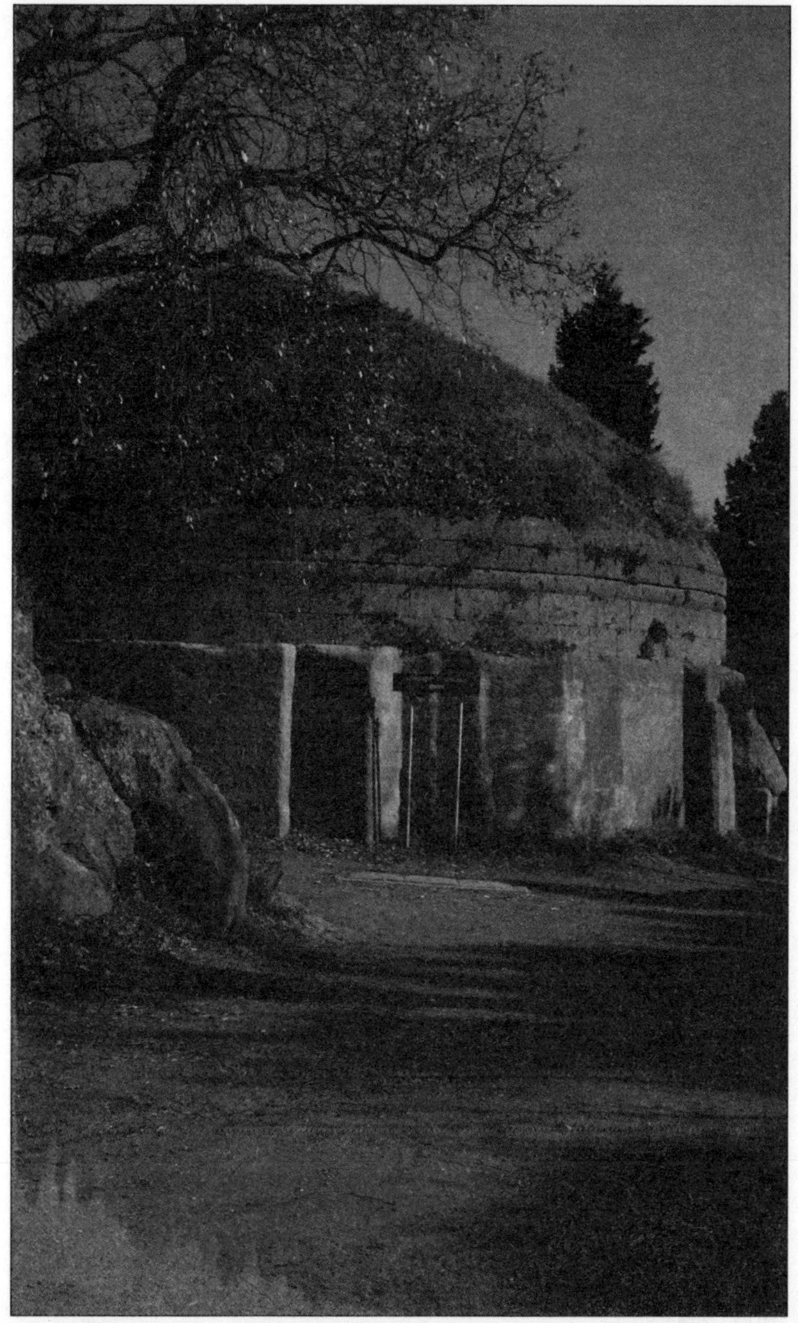

Túmulo etrusco. Necrópolis de Cerveteri. (Autor: J. Cabrero.)

las dos aceras laterales, separadas de la calzada por pequeños canales de desagüe.

En algunas ciudades etruscas se han conservado algunos restos de murallas o de elementos, que pueden ser considerados de época antigua, anteriores al siglo VI a.C., gracias a estos elementos sabemos que era habitual la utilización de ladrillos y terraplenes en su construcción, lo que recuerda a los *aggeres* itálicos, sostenidos por muros de bloques pseudocuadrangulares.

Templos

Nuestros conocimientos sobre la arquitectura de los templos etruscos se deben, fundamentalmente, a las representaciones antiguas, dado que ninguno de ellos, aún en sus elementos más esquemáticos, se ha conservado, debido, fundamentalmente, al empleo de materiales perecederos en su construcción, tales como la madera o el adobe. Sí se conservan, sin embargo, algunas descripciones realizadas por los escritores clásicos, entre los que cabría destacar a Vitruvio, los restos que atesoran numerosos museos, y alguno modelos votivos, que son auténticas maquetas de estos templos, nos permiten hacernos una idea bastante fiel de cómo eran este tipo de construcciones.

El templo etrusco, que es el mismo que se empleará en toda la Italia no helenizada, fue concebido como la morada del dios o los dioses, algo que en cierta medida le aproxima al templo griego. Es por ello que presenta un parecido importante con éste, pero también notables diferencias.

Al igual que el templo griego, el etrusco surge como evolución de la casa, por lo que presenta muchas características en común con ella; sin embargo, en la etapa final el templo etrusco sí adoptará, decididamente, fórmulas helénicas, aunque nunca abandonará las propias de su esencia.

No se puede establecer, con certeza, cuándo nace el templo etrusco, pero se puede afirmar que es una creación del final del período orientalizante, en torno al siglo VII a.C.

Los materiales utilizados son generalmente pobres: piedra volcánica del país, adobe o arcilla cocida, tan arraigada, esta última, en la idiosincrasia del pueblo etrusco, madera, etc. Resalta, desde el principio, la ausencia de un estudio de proporciones, de ritmo numérico, de canon, en suma.

Es de planta casi cuadrada. De toda su superficie, sólo la mitad posterior se dedica a la erección de los santuarios, quedando la mitad delantera destinada a un gran pórtico con dos hileras de columnas, cuya finalidad es la de servir como terraza desde la que se toman los *auspicia*. Se corona con un frontón, más aplastado que el helénico, y todo el conjunto descansa en un *podium*, al que solamente se puede acceder por una escalinata frontal. La utilización del podio como base de apoyo del templo, es una característica que también será transmitida a la arquitectura romana.

El templo primitivo tenía de piedra únicamente el *podium*, siendo todo lo demás de adobe (las paredes de la *cella)*, madera y terracota. La madera es el material tradicional de la arquitectura primitiva y su mantenimiento debe de obedecer al conservadurismo, que también mantendrán los romanos, pero además existe otra razón: Vitruvio nos dice que el techo del templo etrusco debe proyectarse fuera del edificio un tercio del espacio cubierto de la *cella*. Este alero tan saliente no parece posible poder realizarlo si no es con la utilización de un buen armazón de madera.

La arcilla se utilizaba en la construcción, que se realizaba a base de ladrillo y adobe, en la cubierta, de tejas y, sobre todo, en la decoración, a base de placas de revestimiento decoradas en relieve y pintadas, antefijas, estatuas o relieves de terracota para la decoración del frontón, etc.

Vitruvio (nuestra principal fuente para el conocimiento de lo que él llama «Templo Toscano»), nos dice que no se construía una sola *cella*, sino tres, porque estaban dedicados a divinidades por tríadas, de las cuales, la más importante era la constituida por *Tinia*, *Uni* y *Menrva* (Júpiter, Juno y Minerva, en versión romana). La central de las tres era de mayor anchura, para ofrecerla como especial distinción a la divinidad de más alto rango, lo que se correspondía con un intercolumnio central más amplio en la fachada. Hay que tener presente que Vitrubio se inspira para esta descripción en el templo del Capitolio, y conocemos la existencia de numerosos templos etruscos de una sola *cella.*

Puede suceder que, en ocasiones, un templo de una sola *cella* aparenta serlo de tres, pues se suelen construir dos *alae* laterales, en el *pronaos,* que quedan limitadas a la mitad delantera del templo, sin continuación en la parte posterior, y que sirven para la sujeción de las columnatas laterales que quedan, de este modo, adosadas al muro. Sobre esta disposición tripartita, modernamente, se ha desarrollado la teoría de que no se trataría de una influencia etrusca sobre Roma, sino al revés.

Ante las *cellae,* sea cual sea su número, se abría un amplio pórtico de ocho columnas en dos hileras de cuatro, muy espaciadas que ocupaba, aproximadamente, la mitad del edificio. El intercolumnio central, en correspondencia con su *cella*, era mucho más amplio que los restantes. Se cubría todo el conjunto con un tejado a dos aguas, de lenta vertiente, que coronaba una viga longitudinal, denominada *columen.*

Para unir todas las piezas que constituyen el templo, haremos, a continuación, la descripción formal de un hipotético templo etrusco, sumando todos los datos que nos aportan la arqueología y las fuentes antiguas.

En primer lugar diremos que la configuración del entablamento viene claramente definida a partir del techo de la cabaña villanoviana. Ésta se cubría con un tejado menos geométrico, compuesto por dos aleros traseros y longitudinales que cubrían la mayor parte del total del espacio, a los que se añadía otro, en sentido transversal, que caía en vertiente sobre la fachada. La unión de los tres aleros dejaba un hueco, de forma aproximadamente triangular, que era aprovechado para instalar una claraboya con función de luminaria, de ventilación o de salida de humos. La prolongación de los dos aleros traseros, hasta el límite de la fachada anterior, simplificó la cubierta a una techumbre a dos aguas, quedando la fachada coronada por un frontón de forma triangular. Sin embargo, el tejadillo que caía sobre la fachada no fue eliminado, sino que se mantuvo, aunque cobijado y semioculto, bajo las alas, más amplias, de la cubierta definitiva, constituyendo, así, una nota más, y sumamente importante, a la hora de diferenciarlo del templo griego. Este armazón o esqueleto del templo queda materialmente cubierto con placas y figuras decorativas de terracota de vivo colorido, que proporcionarían al templo un aspecto único y deslumbrante. En esta decoración volcarían los artistas y artesanos etruscos su afán decorativo, su amor por la figuración, tan patentes ya en las urnas villanovianas.

Este afán decorativo contrasta con la sobriedad helénica y llevó, en su momento, a ser considerado como recargado y de mal gusto, pero repetiremos que el arte etrusco tiene su propia personalidad y no debemos buscar en él una simple réplica del griego, pues Grecia es Grecia y Etruria es Etruria.

De hecho, la inmensa mayoría de los restos encontrados de templos etruscos son terracotas arquitectónicas decorativas que nos aportan dos cosas importantes: su propio valor como obras escultóricas y la información que arrojan como obra de apoyo, en función de sus características estilísticas, para establecer la cronología del templo al que pertenecieron. Placas con relieves o figuras exentas decoraban las extremidades de los muros y la cabeza del *columen,* animaban las líneas del frontón o servían de antefijas, acróteras o frisos. La techumbre además de su función arquitectónica, servía como soporte de innumerables elementos decorativos: antefijas, acróteras de gran tamaño a lo largo del *columen* o sobre los extremos de los frontones, *antepagmenta,* etc. El templo etrusco reúne, cuando menos, dos series de antefijas, si no tres o cuatro. Una serie cubría los aleros, otra el frente y la parte posterior, donde el frontón, que en época arcaica no llevaba ningún tipo de decoración, se unía, en el lado anterior, al alero horizontal.

Las antefijas de los frontones, por regla general, eran más pequeñas que las de los aleros y, en todos los casos, era frecuente la sustitución de estas piezas por otras de estilo más moderno cuando recibían algún daño, caso habitual debido a la fragilidad propia del material.

En cuanto a un elemento tan determinante en la arquitectura como es la columna, hemos de decir que la más representativa de la arquitectura etrusca, la llamada «Toscana», con capitel dórico de equino y ábaco pero sin estrías en el fuste y con basa, aparece ya documentada en la época arcaica y se mantiene hasta la helenística, transcendiendo el marco de la antigüedad para llegar, a través del Renacimiento, hasta hoy. Sin embargo, existe la tendencia actual a no considerarla específicamente una creación etrusca sino un elemento predórico.

Otros tipos de columnas utilizadas en la arquitectura etrusca son: la columna dórica propiamente dicha (Bomarzo), la de fuste con acanaladuras separadas por listeles, a la manera del orden jónico (Vulci), la columna con capitel de volutas pero en dos series superpuestas (Caere), la jónica propiamente dicha (Volterra) y el pilar con volutas (Caere) y, finalmente, el capitel con volutas oblicuas a las que se suma una corona vegetal de la que surgen cabezas humanas de expresión patética (Vulci, Sovana, etc.), sólo a partir del siglo V a.C. y en común con, prácticamente, toda la Magna Grecia (Lecce, Paestum, Tarento, etc.).

Arquitectura funeraria

Una parte esencial de la arquitectura etrusca, dadas las características sociales de este pueblo, para el que la vida eterna parece tener infinitamente más importancia que la terrenal, al modo de los egipcios, son las tumbas. Ya hemos visto que el peculiar concepto etrusco de la otra vida, lúdico como el egipcio, determina que las tumbas presenten un paralelo con la casa y, concretamente con la habitación, decorada con el mobiliario y las pinturas propias de banquetes y celebraciones de los que continuaría disfrutando en el Más Allá.

El rito funerario también experimentará una evolución, pasando, como en el Lacio, de la inhumación en la etapa arcaica, a la incineración en la etapa de helenización. Asimismo, la propia tipología de las tumbas experimenta unas notables variaciones, con el paso de los siglos, así como en función de las características morfológicas del terreno de las diferentes ciudades etruscas.

Desde finales del siglo VIII a.C., encontramos en Etruria algunas tumbas en forma de túmulo, que cubre una cámara, de planta rectangular o circular, cuyas paredes se levantan aproximando hiladas hasta llegar al poste central que sustenta la cubierta o bien, directamente, con una falsa cúpula, accesible por un largo corredor. Así, la del Poyo del Granate, en *Populonia*, de ajuar villanoviano. Este tipo de enterramiento es propio de suelos blandos, donde se hace necesaria la construcción de una cinta muraria que consolide la edificación.

El tipo de tumba de túmulo y cámara se continúa sin interrupción en la época orientalizante, como la tumba de Casal Marítimo, en Volterra, fechable en el siglo VI a.C. y lo mismo ocurre con la de cámara con pilar central. Las tumbas de este tipo y planta circular serán muy apreciadas en Roma y se mantendrán, con modificaciones hasta la época tardo-republicana e imperial, así podemos citar la tumba de Cecilia Metela, el mausoleo de Augusto y, sobre todo, el de Adriano (Castel Sant'Ángelo).

Especialmente monumental es la tumba Regolini-Galassi, en *Caere* (Cerveteri), que consiste en un gran túmulo, de 48 metros de diámetro, en el que se abren cinco tumbas de corredor en disposición radial, más otro con doble cámara en un nicho interior. El interior es la construcción originaria (hacia el año 670 a.C.), que durante el siglo VII a.C. fue ampliado por un segundo anillo exterior con el fin de alojar los nuevos enterramientos, los de disposición radial, que corresponden a los descendientes de los constructores originarios.

Gracias a esta disposición la tumba original quedó protegida hasta su descubrimiento en el siglo XIX y el ajuar, salvado de la rapiña, y constituido por numerosas piezas de oro, plata, bronce, marfil y cerámica, nos da idea de la riqueza que atesoran las tumbas etruscas y nos permite establecer con seguridad su datación: mediados del siglo VII a.C.

La tumba original está compuesta por un *dromos,* continuado por dos pasillos en eje longitudinal, a cuyos lados se abren dos estancias circulares, denominadas nichos, que contienen las sepulturas: en una (derecha), un sepelio de incineración y en la otra (izquierda), dos de inhumación (en antecámara y nicho respectivamente), esta última, con un ajuar de riqueza superior a los otros, lo que ha llevado a pensar que se trata de la tumba de uno de los reyes de *Caere*. Los nichos están, en parte, excavados en el tufo y completan la construcción mediante muros de bloques escuadrados que se aproximan por hiladas, cerrando el espacio con una techumbre de falsa bóveda.

De tipo similar es el llamado «Melón del Sodo», en Cortona, en la Etruria central, datable a finales del siglo VII o principios del VI a.C. Se accede al túmulo por un *dromos,* que conduce a un vestíbulo que, a su vez, lleva a un corredor, en torno al cual se abren cinco estancias: dos a la izquierda, comunicadas entre ellas, dos a la derecha, sin comunicación, y una al frente. Parece ser una ampliación del tipo de planta vista anteriormente, pero mantiene su cubrición por el sistema de la falsa bóveda y parece mostrar la pervivencia en el centro y norte de Etruria de modelos antiguos que en el sur, donde está la cabeza del desarrollo arquitectónico, van siendo progresivamente abandonados.

En esta misma época, finales del siglo VII o comienzos del VI a.C. se impone un tipo de enterramientos consistentes en auténticos hipogeos, excavados en el suelo y organizados en cámaras que repiten el esquema habitual de las casas, con una cubierta a dos aguas con viga central. La planta de este tipo de tumbas se organiza mediante un *dromos* que da acceso a un atrio de planta cuadrangular y una cámara sepulcral en la que se depositaban los restos en sarcófagos de piedra o madera, sobre lechos de banquete. Se trata, pues de una disposición que se corresponde, muy cercanamente, con la de la casa romana. Este tipo es más propio de suelos compactos, de tufo o de roca. Muy representativa de este tipo es la llamada Tumba de la Alcoba, también en Cerveteri. Su cronología es bastante posterior, siglo IV a.C., correspondiendo a una etapa tardoclásica o helenística.

Se encuentra a gran profundidad y está excavada en el tufo, completando también su construcción con muros de bloques. Consta de un gran salón con bancos a los lados y nichos en las paredes, quedando en la pared del fondo un gran espacio cuadrangular, accesible por tres escalones, con pilastras y pilares que sostienen un *columen,* imitando una techumbre. En su interior se localiza un lecho funerario con escabel para los pies, imitando la construcción de un templo en *alae,* en un intento de marcar la diferencia entre el difunto allí alojado y el resto de los ocupantes, al modo de los *heroa* helénicos.

Esta forma de alojamiento para los muertos prevalecerá en Etruria hasta el siglo III a.C., llegando, incluso, más allá, en algunas zonas más alejadas del epicentro de la civilización etrusca. Su mayor interés, lejos de ser arquitectónico, reside en la pintura que las decora y, por tanto, nos ocuparemos de ellas con más detenimiento en el capítulo dedicado a la pintura.

Así, en Perugia, en la Etruria septentrional, contamos también con ejemplos de este tipo, como la tumba de los Volumnii (P.A.L.E. 10), un hipogeo gentilicio, al que se accede por un *dromos,* que conduce a una puerta que lleva a un vestíbulo alargado, cubierto con un techo a doble vertiente, de gran inclinación, sostenido por imitaciones de vigas de madera.

A cada lado se encuentran dos cámaras secundarias, y, al fondo, se abre una construcción que se bifurca en tres cámaras principales, con especial importancia de la central, donde se encontraban los enterramientos principales. Las paredes y los techos se encuentran decoradas con abundantes relieves representando temas mitológicos (nos vuelve a aparecer un Gorgoneion) y mundanos (cabezas humanas, escudos, espadas, animales, etc.). Por el estilo de los sarcófagos, la decoración y el ajuar, su datación posible corresponde al siglo II a.C.

En algunos lugares, de suelo volcánico, donde antiguas coladas de lava crearon profundos valles verticales, se construyen tumbas, excavadas en la roca, de apariencia más lujosa, que simulan, en la pared, una fachada de casa con una puerta falsa; o de templo con columnas, frontón triangular y cubierta plana; o de túmulo; o una forma geométrica de hexaedro, bajo la que se encuentra el enterramiento. Este es el caso de Norchia, Castel d'Asso, Bieda, etc., en la región de Viterbo.

La necrópolis rupestre de Castel d'Asso, en el área de influencia de Caere, primero, y de Tarquinia, después, presenta, en profundos canales de tufo, las fachadas de las tumbas, imitando casas y otras construcciones.

Una subfachada dada acceso, mediante un *dromos,* a un sencillo hipogeo que contiene los bancos funerarios y, sobre ella, una fachada, en forma de dado, con molduras, tejado plano y acceso mediante escaleras laterales, contiene en el centro una falsa puerta, que podemos relacionar con el acceso a la otra vida.

Aparte de su valor como documento sobre el tipo de casas etruscas, esta necrópolis nos ofrece algunas características sobre la forma de entender el rito funerario y el concepto del Más Allá que tiene este pueblo. En estas construcciones se entremezclan los conceptos de banquete funerario, altar, casa, templo y *heroon,* dispuestos sobre un basamento y concebidos como templo, con *cella,* o sin ella, o, incluso, con un arco alusivo a la entrada a la mansión del Hades, donde se depositan los *kline* funerarios o las urnas con las cenizas, comunes a Grecia e Italia, y que, en algunos aspectos persistirán en plena época romana.

La cronología de casi todas estas necrópolis rupestres, incluida la de Castel d'Asso, abarca desde el siglo IV a finales del III a.C., quedando a mediados del siglo II a.C. completamente abandonadas y siendo, posteriormente, reutilizadas.

De este tipo resulta muy interesante la llamada «Tumba Hildebranda», en la necrópolis de Sovana, denominada así en honor de Hildebrando de Sovana (Papa Inocencio III). Se trata de un hipogeo de planta cruciforme, situado bajo la fachada, colocada sobre un podio, al que se accede por dos escaleras laterales, que imita un templo en *alae,* de seis columnas en el frontal y cuatro en los laterales, con una *cella* en forma de «T».

Las columnas son acanaladas con capiteles figurados similares a ejemplares procedentes de Vulci, el friso presenta una decoración a base de grifos y rosetas, sobre los que se acomodan elementos vegetales. El tejado es plano, aunque es posible que, originalmente, presentara la típica cubierta a doble vertiente, e imita la típica decoración de antefijas de los templos.

El aspecto general es de templo con *adyton,* a la manera de los *heroa,* y ofrece grandes paralelismos con la «Tumba Pola» de la necrópolis de Sovana y las llamadas «Tumbas Dóricas» de Norchia. Su datación debe de corresponder a la primera mitad del siglo III a.C.

En todas ellas, las grandes dimensiones suelen crear problemas de sujeción de las cubiertas y para salvarlas se recurre al uso de un gran número de pilastras, pilares y columnas, donde podemos estudiar una tipología completa de los soportes utilizados en la arquitectura etrusca.

Así, encontramos pilastras y pilares pétreos que imitan los soportes de madera, acorde con la imitación, también en piedra, de las vigas de madera del techo de las casas, o bien, vemos rústicos capiteles dóricos, o más abundantemente, y mejor realizados, nos encontramos con los capiteles de volutas, jónicos, de origen asiático.

En cuanto a la resolución del problema de la cubierta, resulta interesante una tumba de la necrópolis de Vettona, en Umbría, en la que nos encontramos una cámara funeraria rectangular, de 8 × 4 metros, cubierta por una perfecta bóveda de cañón, de 4 metros de altura, labrada en bloques de arenisca. Contiene tres bancos para albergar las urnas funerarias y el ajuar encontrado permite fecharla en el siglo II a.C., aunque debió de continuar en uso hasta el siglo I de nuestra Era. Esta estructura abovedada aparece también en otros hipogeos de Cortona y Chiusi.

La casa etrusca

Aunque no conservamos, prácticamente ningún resto de casas dado su carácter menos monumental y el peculiar concepto etrusco de las dos vidas, podemos deducir algunos aspectos gracias a los estudios sobre la arquitectura funeraria.

Así, hemos visto que muchas tumbas imitan la forma de las casas y en ellas encontramos representados los elementos tradicionales, que se corresponden con los de la casa romana: el corredor, el *atrium,* al que los romanos, ya en la antigüedad, atribuyen un origen etrusco (*atrium tuscanicum,* lo llama Varrón), el *tablinium,* el *triclinium,* etc.

Del mundo funerario obtenemos más información sobre los tipos de casas, principalmente de las señoriales, aparte de la propia arquitectura de las tumbas, mediante el estudio de las urnas funerarias, especialmente en lo que se refiere al exterior del edificio.

Esta costumbre, ya vista en la cultura latina y también presente en la villanoviana, nos ofrece ejemplos de casas con un amplio saliente en el tejado, puertas con arcos, paramentos almohadillados, porches, etc., casi todas de la región de Chiusi, que sobrevivirán a la Edad Media y conformarán algunos de los principales elementos de la arquitectura renacentista del *Quattrocento,* típicamente florentina.

Así, una urna procedente de Vulci, y conservada en el museo de Villa Giulia, fechable a mediados del siglo VIII a.C., nos representa una vivienda villanoviana, de planta circular, con su apertura central para la salida de humos y el tejado decorado con cabezas de animales. En el frontal, una puerta, determinada por sendas láminas como arquitrabe y umbral, queda definida por un batiente que funciona sobre goznes. De la misma época, otra, procedente de *Tarquinia,* nos muestra una cabaña de planta rectangular, a la que se buscan paralelos en la Grecia prehelénica. No obstante, ambos tipos están presentes, como hemos visto antes, en las primitivas edificaciones del Lacio.

Puertas monumentales: el arco y la bóveda

Como ya se indicó, las grandes puertas de ciudades son una manifestación propia de la arquitectura monumental etrusca y constituyen un claro precedente de los arcos de triunfo y de las entradas colosales de las ciudades romanas.

El arco y la bóveda de dovelas, alma de estas construcciones y, durante mucho tiempo considerado como algo inherente a la arquitectura etrusca, no aparecen en Etruria hasta fecha muy tardía, a partir del siglo V a.C. y, procedente, como tantas cosas, de los griegos de Campania, lo que nos lleva a su origen mesopotámico o, incluso, centroasiático, extendido por el Mediterráneo por los pueblos colonizadores.

El primer monumento conocido que emplea el arco es la Puerta de Júpiter, en Falerii Novi, fechable en la segunda mitad del siglo III a.C. Un prótomo humano, tallado en su clave, da una nota del gusto etrusco por la figuración.

Prótomos humanos aparecen también en las puertas del Arco de Volterra y en la Marzia de Perugia. De esta última localidad es otra muy hermosa, llamada de Augusto, decorada en su parte superior con pilastras a modo de triglifos y metopas, estas últimas adornadas con escudos. Algo parecido ocurre con la Puerta Marzia de Perugia, aunque aquí, en lugar de escudos, hay estatuas. La fecha de todas ellas es aproximadamente la propuesta para la Puerta de Júpiter.

Por entonces las tumbas se cubren con el nuevo procedimiento de bóveda del llamado templo de San Marino. También los servicios se beneficiaron de los progresos de la técnica y, aunque en fecha muy reciente, se construyeron los puentes de Bieda y Viterbo, así como la cloaca de Porto San Clementino.

Pintura

La investigación tiende a considerar a la pintura etrusca como básicamente funeraria, dado que los máximos ejemplos que de ella nos han llegado se han encontrado en tumbas. Han sido catalogadas más de 180 de ellas con pintura mural repartidas principalmente por las necrópolis de Tarquinia, Chuisi, Cerveteri, Orvieto y Vulci, con ejemplos aislados en Grotte San Stefano, Magliano, Orte, Populonia, San Giuliano y Tuscania. La serie más destacada, y cronológicamente más extendida, es la de Tarquinia, que va desde inicios del siglo VI a finales del siglo II a.C., existiendo notables ejemplos al margen de la pintura tumbal, como es el caso de un magnífico sarcófago de mármol hallado en Tarquinia en 1869, que los investigadores fechan en el último tercio del siglo IV a.C. Fue decorado a la tempera con escenas de las Amazonas.

Las técnicas de pintura empleadas en las tumbas etruscas están, en cierta medida, emparentadas con las que ya se utilizaban en la época prehistórica. Esencialmente se trata de pinturas rupestres, pero a diferencia de éstas, que utilizaban las paredes de las grutas sin ningún tipo de tratamiento, en el caso de la pintura funeraria etrusca, las paredes eran tratadas con cuidado, hasta dejarlas completamente rectilíneas, cuidándose con mucho más esmero aquellas destinadas a recibir las pinturas. A medida que avanza el siglo VI a.C., las pinturas ocupan cada vez una mayor extensión, hasta cubrir prácticamente todos los espacios posibles; con ello la preparación de las paredes se va depurando cada vez más. Desde mediados del siglo VI hasta mediados del siglo IV a.C., las paredes se cubren con una pasta de entre uno y tres milímetros de espesor, realizada con arcilla y polvo obtenido de la trituración de la roca, sobre la que se aplica un enlucido de cal.

La técnica del dibujo adquirió una extraordinaria elaboración, empleándose, en los casos más antiguos, líneas incisas rellenas de color oscuro para marcar los contornos; los colores empleados en las tumbas arcaicas se limitaban al rojo, amarillo, marrón y negro. A ellos se van a añadir, a partir de mediados del siglo VI a.C., el blanco, el azul, el verde y una infinita variedad de degradados y de difuminados producido por la mezcla de los colores básicos.

La pintura durante las fases orientalizante y arcaica

La pintura etrusca va a comenzar a desarrollarse a partir del siglo VIII a.C., durante el denominado período orientalizante. Se va a tratar, fundamentalmente, de pintura vascular. Básicamente son vasos bicromos (dibujos en rojo sobre un fondo blanco), en los que están presentes motivos geométricos y algunos animales, como patos y más raramente peces y serpientes. Por lo que respecta a la pintura parietal, a esta época pertenece la Tumba de los Patos de Veyes, en la que se alternan las representaciones de patos rojos y amarillos, cuyos detalles internos van resaltados en negro. Las pinturas de algunas tumbas de Cerveteri, peor conservadas que ésta, también podrían ubicarse cronológicamente en la fase final del período orientalizante. La mayoría de las pinturas de esta época emplean solamente dos o tres colores, a pesar de ello, los artistas consiguen una gran viveza en sus representaciones. Habitualmente se realizan frisos de pequeño tamaño que no cubren totalmente las paredes y que no están conectados unos con otros temáticamente, dos excepciones notables a esta norma son la Tumba Campana de Veyes, y la Tumba de los Patos también de Veyes. Los temas más representados son los animales, fantásticos o reales. Entre los fantásticos, esfinges, grifos o centauros, y entre los reales, leones, panteras, felinos de difícil identificación, ciervos, corderos, cabras, perros, ocas, patos, serpientes y delfines. Ocasionalmente aparecen figuras humanas en movimiento, motivos vegetales como flores de loto y palmeras, y geométricos como volutas, rosetas o escudos. Todos estos temas están muy emparentados con la pintura vascular griega.

Tras las primeras experiencias de pintura mural en la fase orientalizante, con el arcaísmo van a proliferar las grandes pinturas murales. Ésta va a ser la fase áurea de la pintura funeraria etrusca. Los dos primeros y magníficos ejemplos se documentan en las ciudades de Caere, y de Tarquinia se trata de la Tumba de la cabaña y la Tumba de las panteras. Ambas se pueden fechar en el segundo cuarto del siglo VI a.C.

Comienzan a desarrollarse unos esquemas que se mantendrán casi inalterados durante siglos. El más importante de ellos será el del banquete con diferentes personajes tendidos sobre *klinai* y bailarines, músicos y sirvientes alrededor. A ellos se unen ajedrezados, de cuadros o rombos, para cubrir techos y paredes y la simulación de elementos arquitectónicos como vigas y puertas falsas. Todo este sistema tradicionalmente fue interpretado como la representación de las casas que utilizaban los etruscos en su vida cotidiana; sin embargo, en la actualidad, existe la tendencia a considerar que se trata de la representación del entierro y del banquete funerario del difunto.

Otro importante grupo temático que surge en esta época son las competiciones deportivas, competiciones que probablemente estaban ligadas a los juegos funerarios que se celebraban en honor del difunto. Menos frecuentes, hasta el punto de ser considerados excepcionales, son los temas mitológicos que aparecen en la Tumba de los toros y en la Tumba de las olimpiadas.

Al lado de estas primeras grandes pinturas murales van a comenzar a proliferar también los primeros *pìnakes*, que son la versión etrusca de las tablas pintadas que los griegos denominaban *leukòmata*, en el caso etrusco la madera ha sido sustituida por terracota. Dos son las series de placas más famosas: las llamadas «boccanera», destinadas a cubrir las paredes de tumbas, y las de la «Gorgona» que aparecen ligadas a templos ciudadanos; otra serie destacable de este tipo de representaciones es la «campana» que se fecha en torno al año 530 a.C. Todas ellas eran grandes paneles de terracota rojiza, en los que una escena figurada aparece rodeada de una serie de motivos destinados a enmarcarla —bandas verticales en la parte inferior y diferentes temas decorativos en la superior— dándole así un mayor resalte. En Acquarossa, a unos 9 kilómetros de Viterbo se han producido una serie de descubrimientos que los arqueólogos fechan en el siglo VI a.C., entre los muchos edificios descubiertos, uno de ellos que ha sido identificado como la Regia estaba enteramente cubierto de placas de terracota decoradas con escenas del mito de Hércules y del banquete.

A partir de mediados del siglo VI a.C., los talleres de pintura fueron cada vez más numerosos y los pintores etruscos incluso llegaron a Roma, como es el caso de Damófilo y Gorgaso que dejaron ejemplos de su arte en el templo de Ceres en Roma (484 a.C.).

Asimismo la pintura de las tumbas va en aumento, sus tímpanos se decoran, primero con franjas policromas y luego con animales heráldicos, ejemplo de ello son la Tumba de Avakian, la Tumba de los Leones Rojos o la Tumba de los Tritones.

En el último tercio del siglo V a.C., se van realizar los mejores ejemplos de la pintura mural de este período: Tumba de los toros (540 a.C.), con episodios de la guerra de Troya; Tumba de los Augures (530 a.C.), con dos personajes identificados como augures; Tumba de la caza y de la pesca (530-520 a.C.), con escenas cinegéticas; Tumba de los malabaristas (520 a.C.); Tumba del Barón (510-500 a.C.), con hipocampos, delfines y crustáceos y escenas de lo que parece ser un cortejo fúnebre.

El estilo severo etrusco o «clásico» (siglo V a.C.) y la época helenística

La fase arcaica de la pintura etrusca, a la que algunos autores denominan como fase jónico-etrusca, dio paso a un nuevo estilo, el llamado «estilo severo» o «clásico», claramente emparentado con el arte griego de la misma época. En él, a diferencia de Grecia, los condicionantes espirituales, culturales y artísticos, que habían predominado en la época anterior, no van a sufrir grandes cambios. Los maestros del «estilo severo» continúan inspirándose en la vida cotidiana, y alcanzaron un extraordinario prestigio que traspasó los límites de Etruria; al mismo tiempo que la influencia artística alcanzaba sus máximas cotas, la política había comenzado ya su inexorable decadencia.

Se va a mantener el sistema estructural desarrollado en la época anterior tanto en la construcción de las tumbas como en los sistemas decorativos, aunque poco a poco se va produciendo una cierta simplificación de los motivos. La amplitud temática también se reduce significativamente y mayoritariamente son representados banquetes a los que se subordinan los temas de música, danza, escenas deportivas y de cacería.

Durante todo el siglo V a.C., los maestros del «estilo severo» realizaron una infinidad de obras y el mejor ejemplo lo tenemos en la magnifica serie de tumbas decoradas de Tarquinia (Tumba de los leopardos, Tumba de las bigas, Tumba del *triclinium*, Tumba Francesca Giustiniani, Tumba del lecho fúnebre) y de Chiusi (Tumba del cantor).

De esta época destacan la Tumba de las bigas (490 a.C.), con un banquete y escenas de danza; la Tumba de los leopardos (480-470 a.C.), con un posible banquete fúnebre; y la Tumba del *triclinium* (470 a.C.).

Con la llegada del helenismo se van a producir cambios fundamentales en la pintura etrusca. Desde el tardoclasicismo, mediados del siglo IV, a mediados del siglo II a.C., las tumbas con pintura mural van a pertenecer exclusivamente a las grandes familias acaparadoras del poder político. La mayor parte de las tumbas pintadas de este período se sitúan en Tarquinia con algún ejemplo destacable en Cerveteri, Orvieto, Chiusi, Populonia, Bomarzo y Tuscania. Las pinturas de este período abundan con más profusión en los temas de ultratumba abandonando las escenas de vida cotidiana y de celebraciones en honor de los muertos. Aparece representada la despedida del difunto de sus parientes y el viaje y la llegada a la ultratumba. El viaje puede realizarse a pie, a caballo, en carro de varios tipos o en barco y el lugar del paso al Más Allá suele estar simbolizado por un arco o una puerta que es atravesado a solas o en compañía. En su viaje el difunto suele ir acompañado de los demonios etruscos de la muerte, que pueden ser tanto masculinos como femeninos. Los ejemplos más característicos de este tipo de escenas se encuentran en la Tumba del Cardenal, en la Tumba del Ogro, en la Tumba de los escudos y en la Tumba Golini, todas ellas de Tarquinia, en la Tumba de Hescanas en Orevieto y en la Tumba del *triclinium* en Caere.

Las representaciones de armas colgadas de las paredes van a ser también muy numerosas en las tumbas etruscas de esta época. Escudos, yelmos, espadas y faleras aparecen en compañía de muebles y todo tipo de utensilios domésticos. Los elementos arquitectónicos en esta época serán poco frecuentes y se limitarán a puertas, a menudo muy detalladas. También, ocasionalmente, se representaron animales luchando y fueron frecuentes los elementos geométricos de carácter puramente decorativo, empleados como complemento de otras escenas.

Las pinturas murales más destacadas del período helenístico etrusco están en la Tumba del Ogro I (400-375 a.C.); Tumba Golini I (350-325 a.C.); Tumba Golini II (350-325 a.C.); Tumba de los escudos (350 a.C.); Tumba François (325 a.C.); Tumba del Ogro II (325-300 a.C.).

La pintura etrusca al margen de la pintura funeraria

Como decíamos al principio, paralela a la pintura de las tumbas debió desarrollarse en Etruria otro tipo de pintura, esta vez destinada a decorar las moradas habituales. Plinio *el Viejo* (XXXV, 17-18) señala que en la época de Tarquinio Prisco la pintura etrusca había alcanzado una gran perfección. A finales del siglo VII a.C., edificios privados y públicos empiezan a decorarse con paneles de colores. Sobre un fondo blanco aplicado sobre la terracota comienzan a pintarse figuras que se van perfeccionando con el paso del tiempo. Una serie de edificios encontrados en Murlo (Siena) y en Acquarossa (Viterbo) demuestran claramente que en la decoración de los edificios se alternaban y coexistían la técnica del relieve polícromo y la pintura sobre superficie plana. Los talleres que se encargaban de decorar los edificios también debieron ocuparse de otros productos como urnas y cerámica pintada de diferentes tipos siendo la más destacada la ceretana de pasta roja pintada en blanco. Los primeros hallazgos de placas decoradas se realizaron en 1940 y aparecieron en una cisterna de Cerveteri; se ha podido reconstruir su altura, cercana a 1,40 metros y formaban un friso continuo de tema mitológico, pintado en blanco y negro sobre un fondo rojo, con la muerte de la Medusa por Perseo y el Juicio de Paris. Placas semejantes a éstas, tanto en estilo como en forma, ya habían aparecido en 1874 conservadas en el British Museum de Londres; son las llamadas «placas Boccanera» encontradas en una tumba de la necrópolis de Banditaccia en Caere. En dos de ellas el artista pintó esfinges. Otro importante grupo de placas son las descubiertas por G. P. Campana y se conservan en el Museo del Louvre de París. En ellas aparece claramente representada una escena de sacrificio, un grupo de hombres y mujeres avanza hacia un altar en el que arde el fuego, uno de los varones lleva en brazos a una mujer, algunos autores sugieren que en esta escena podría estar representado el sacrificio de Ifigenia.

Escultura

Hay que tener en cuenta que también el arte etrusco, y cómo no, su escultura, estuvo profundamente influenciado por el arte griego; esto es comprobable a simple vista, basta con observar las realizaciones etruscas para percibir en ellas algo de esa aura especial que impregna a todas las obras salidas de las manos de artistas griegos. A partir del siglo VII a.C., se puede apreciar con cierta nitidez cómo las formas griegas están muy presentes en la escultura etrusca. Pero no debemos olvidar la aportación personal de los artistas etruscos, que va a proporcionar una singularidad única a sus obras. Además, es muy probable que artistas griegos trabajaran en los talleres etruscos. Sabemos por Plinio los nombres de algunos de ellos que en el siglo VI (Demaratos de Corinto), o en el V (Damófilos y Gorgias) se instalaron en Italia. Los dos últimos trabajaron en Roma realizando terracotas de gran tamaño para los templos de Ceres, Liber y Libera.

Una de las características fundamentales que va a diferenciar la escultura etrusca de la griega, es el poco interés que los primeros demostraron por el mármol. No podemos asegurar hasta qué punto esta falta de interés por los materiales calizos es producto de una elección personal o de la evidente falta de materiales de este tipo que se daba en la región de Etruria; para emplearlos debían ser importados desde muy lejos y esto, evidentemente, los encarecía en sobremanera; la falta de materiales calizos motivó que los escultores griegos desarrollaran unas capacidades extraordinarias de modelado no conocidas hasta ese momento en el Mediterráneo occidental; a pesar de ello hicieron algunos ensayos de escultura cincelada sobre las duras piedras locales, poco aptas para tales menesteres, y también en metal, donde se revelaron como extraordinarios broncistas. No debemos olvidar que las técnicas de realización de las estatuas de bronce van muy ligadas también a la habilidad coroplástica, en la que los artistas etruscos eran grandes maestros como ya hemos dicho y como veremos más adelante.

La periodización que los especialistas realizan de la escultura etrusca, coincide a grandes rasgos con los períodos de la escultura griega: período arcaico, hasta inicios del siglo V a.C., en el que se puede distinguir una época orientalizante con escasas muestras de gran estatuaria, con el predominio sobre todo de pequeñas piezas que se pueden encuadrar dentro de las artes menores: fíbulas, brazaletes, marfiles, etc., pero sobre todo los trípodes de Perugia y los carros de bronce repujado de Monteleone (Spalato) y Castel San Mariano (Perugia), ambos de mediados del siglo VI a.C., estos carros también presentan decoración repujada con motivos de clara influencia griega, a lo largo del cual poco a poco se va desarrollando la gran estatuaria; un período clásico, siglo V a.C., que si bien en Grecia supone el que los patrones arcaicos ya han sido totalmente abandonados y los valores artísticos están plenamente maduros, no es lo mismo para Etruria, donde persisten las formas anteriores, aunque algunas obras no están exentas de clasicismo; y un período de transición y helenístico a partir del siglo IV a.C., que se inicia con la conquista de Etruria por Roma y las tendencias artísticas se separan en dos corrientes, la oficialista y la popular; esta última será la que adquiera unas características más helenizantes, sobre todo en las terracotas a partir de mediados del siglo IV a.C.

La escultura en piedra

Las primeras esculturas sobre piedra que realizaron los etruscos van a estar claramente emparentadas con las realizaciones de Delos, es el caso de las cabezas de arenisca encontradas en el túmulo de la Pietrera (Vetulonia), obra en la que indudablemente están muy presentes las concepciones escultóricas del arcaísmo griego.

Una de las obras más antiguas, probablemente del mediados del siglo VII a.C., es un hipocampo con jinete, animal, mitad delantera caballo y mitad trasera serpiente marina, muy vinculado con la fantasía griega. En el museo romano de Villa Giulia podemos contemplar un extraordinario centauro que procede de una tumba de Vulci. Es una escultura pequeña, aproximadamente la mitad del tamaño natural, que representa a un hombre realizado con los cánones de los *kouroi* griegos: la pierna izquierda adelantada en consonancia con el hombro derecho retrasado, poderosos muslos redondeados y torso muy desarrollado apoyado sobre estrechas caderas; finalmente la cara no con demasiada expresividad, con grandes ojos y barba. El cuerpo de caballo que lleva adosado no ha sido excesivamente elaborado, tan sólo se ha prestado algo más de atención al lado izquierdo, tan vez porque éste era el que se iba a percibir con más claridad. Los especialistas fechan esta obra en torno al siglo VI a.C., y probablemente la funcionalidad de la misma era actuar como guardián de alguna tumba. De semejantes características y factura es la Esfinge de Chuisi, que también puede fecharse en el siglo VI a.C.

En la época arcaica igualmente se produjeron algunos relieves en piedra, entre los que destacan por su interés las estelas de guerreros; la de Vetulonia, la de Monte Gualando y la de Larth Aninie son las más interesantes y se pueden fechar en el siglo VII a.C., las dos primeras y en el VI la tercera. En ellas, al igual que en las cistas, sarcófagos y cipos funerarios, muchos de ellos procedentes de Chuisi, que en ocasiones también se hacen en piedra, destaca la gran calidad del dibujo, ya que no la escultórica, pues en general se trata de relieves planos sin nada de volumen.

Con la llegada del clasicismo, a partir del siglo V a.C., la factura de las piezas mejora notablemente, un ejemplo claro es la Urna de Chianciano con forma identificada con la Bona Dea, protectora de los muertos, o la Mater Matuta.

A la época clásica pertenecen también las llamadas estelas felsinas, en forma de herradura o disco, decoradas por ambas caras y con temas tomados de la mitología griega.

El siglo IV a.C., y la época helenística van a proporcionar los mejores ejemplares de sarcófagos de piedra, que habitualmente tienen forma de casa y en los que el difunto aparece recostado sobre la cubierta. Así sucede en el de Torre San Severo (Orvieto), con escenas del ciclo troyano, o el Sarcófago de Boston, en cuya tapa aparecen dos esposos abrazados. También muy interesante es la tapa de una urna cineraria procedente de Chianciano, en la que el difunto, con el torso desnudo aparece tumbado en una *kline* junto a Lasa en actitud de estar celebrando un banquete.

A finales del siglo III y principios del II a.C., en Volterra se van a producir una gran cantidad de pequeñas urnas, en torno a los 50 centímetros, fabricadas mayoritariamente en alabastro, y en ocasiones en tufo, en las que se esculpirán bajorrelieves reproduciendo escenas mitológicas, como una, del Museo de Volterra, en la que se reproduce el viaje del difunto a la ultratumba, u otra con la muerte de Mirtilo, de mediados del siglo II a.C., conservada en el Museo Arqueológico de Florencia. Una característica de estas urnas y de las que se fabriquen en otros lugares, es el alto grado de realismo que alcanzan, a veces incluso sobrepasándolo y llegando casi a la caricatura.

Por último, un magnífico ejemplo de urna en mármol, en este caso en travertino, es la urna de Arnth Velimna, que se puede fechar en el siglo II a.C., del hipogeo de los Volumni en Perugia. En la parte interior esta representada la entrada al Hades custodiada por dos demonios alados femeninos. En la parte superior aparecen recostados un hombre y una mujer. El hombre lleva la cabeza velada, el torso desnudo y sostiene en sus manos una pátera; la mujer apoya su cabeza en el brazo izquierdo. Ambos están interviniendo en un banquete y a sus lados aparecen dos niños.

La escultura en terracota

Si hay algo que realmente da unas señas especiales de identidad a la escultura etrusca es la utilización del barro como materia prima fundamental. Ya hemos dicho que los artistas etruscos fueron extremadamente hábiles en el modelado de figuras, y esto se convierte en algo indiscutible cuando contemplamos sus obras. Las terracotas etruscas alcanzaron una gran monumentalidad y perfección. Según la tradición, el principal foco de coroplastas estuvo situado en Veyes, allí debió existir una importante fábrica de terracotas y una escuela al frente de la cual, por algún tiempo debió estar el célebre Vulca, quien incluso llegó a trabajar en Roma a finales del siglo VI. Sabemos por Plutarco que los mismos romanos acudieron en alguna ocasión a esta fábrica para solicitar sus servicios, concretamente encargaron una cuadriga de grandes dimensiones que estaba destinada a ser colocada sobre el templo de Júpiter en el Capitolio, que tras una serie de vicisitudes en las que los de Veyes se negaban a entregar el encargo una vez finalizado, y los romanos no cesaban de reclamarlo, finalmente, tras un prodigio divino, la cuadriga fue entregada y colocada en el lugar que se había preparado para ello.

De la habilidad de los artesanos etruscos a la hora de trabajar el barro nos hablan una considerable cantidad de obras. A la época arcaica pertenece el denominado Apolo de Veyes que se atesora en el Museo de Villa Giulia. Se trata de una estatua de tamaño natural destinada a ser colocada sobre el templo de Portonaccio. La plasticidad de su cuerpo es extraordinaria, un poco inclinado hacia delante apoya su peso sobre la pierna derecha, mientras que la izquierda permanece algo levantada, en actitud decidida de avanzar. La sensación de movimiento está plenamente lograda por el artista, en las manos, que han desaparecido, probablemente llevaba el arco y las flechas. La forma de los ojos, almendrados, la barbilla redonda y los labios levemente insinuados denotan la clara influencia oriental de esta terracota. La sonrisa que dibujan sus labios, sin embargo, es plenamente etrusca. Lleva larga cabellera que le cae en bucles sobre la nuca y los hombros. Finalmente va vestido al modo griego, con chitón corto y ceñido y manto sobre el hombro izquierdo. Esta obra ha sido fechada en torno al año 500 a.C. Otra terracota bastante fragmentada, le falta gran parte de la cabeza y los brazos perteneciente al mismo conjunto de Portonaccio, es la de Heracles y la cierva.

De excelente factura también es el Hermes de Veyes, a pesar de que solamente se conserva de él la cabeza y un cierto número de fragmentos con los que nos es imposible hacernos una idea exacta de cómo debía ser la escultura entera. La expresión de su rostro es mucho más suave que la del Apolo, pero el modelado de las formas, muy vigoroso, es casi idéntico. Lleva un pequeño sombrero con alas bajo el cual asoman los bucles del cabello que le caen sobre la frente.

De los sarcófagos en terracota de esta época cabría destacar dos, prácticamente iguales, uno está en el Museo del Louvre y otro en el de Villa Giulia. Ambos proceden de Caere, y se pueden fechar a finales del siglo VI a.C. Tradicionalmente este tipo de sarcófagos ha sido interpretado como una representación de los cónyuges en el banquete fúnebre, pero también es posible que estén participando en un banquete de la alta aristocracia. Tampoco se sabe si el sarcófago estaba destinado a contener a uno de los esposos o a los dos. La representación está repleta de plasticidad, el hombre coge amorosamente a la mujer por los hombros, conversan amigablemente y sostienen algo en las manos. La mujer viste chitón, manto y zapatos puntiagudos, mientras que el hombre lleva el torso desnudo. Muy probablemente las figuras iban pintadas, por lo que la visión de la obra en su plenitud debía ser impresionante.

Una parte considerable de la producción de terracotas estaba destinada a ser colocada en los templos ya sea como antefijas, acróteras como el Apolo de Veyes u otros tipos de elementos arquitectónicos, que eran colocados en tímpanos, frisos, y frontones como el del templo de Talamon del Museo Arqueológico de Florencia.

Durante el período clásico la coroplastia alcanzó grandes cotas, como demuestra una cabeza de *Tinia* de finales del siglo V, de aproximadamente unos 25 centímetros de altura y que también se conserva en el Museo de Villa Giulia y que procede de Civiltà Castelana. En ella la influencia griega es acusada; grandes ojos, barba y curvadas cejas proporcionan una gran personalidad al rostro. Hay quien opina que debió tratarse de una estatua de culto, y no de una acrótera de templo como suele ser habitual.

Al final del clasicismo y al período helenístico pertenecen un importante conjunto de terracotas procedentes de Civiltà Castelana, hoy conservadas en Villa Giulia. Una de las más destacadas es una representación de Apolo, muy fragmentada, que como novedad es maciza, y en su tiempo debió estar policromada. Aunque no podemos asegurarlo, muy probablemente estaba sentado. El modelado del rostro está muy cuidado y en ciertos aspectos recuerda a los modelos helenísticos para Alejandro Magno. De semejante factura y de la misma procedencia es una cabeza varonil de boca entreabierta y una Nike a punto de posarse en tierra. A esta época también pertenecen los famosos caballos alados de Tarquinia, convertidos en símbolo de la ciudad. Tanto los relieves en terracota como las urnas funerarias continuarán fabricándose en Etruria hasta bien entrado el siglo I a.C., incluso en épocas posteriores podemos encontrar algún ejemplo.

Los bronces

Como decíamos al principio del capítulo, la capacidad para el modelado desarrollada por los artesanos etruscos hizo de ellos unos magníficos broncistas. En la época arcaica surge ya un tipo de escultura en bronce que alcanzó gran popularidad y que llamó enormemente la atención a los romanos por sus proporciones, a la que dieron el nombre de *tyrrhena sigilla*. Las más famosas de estas realizaciones, para la época arcaica, son los bronces de Brolio, de desproporcionada longitud y que representan a sacerdotes, guerreros y todo tipo de personajes. En ocasiones llegaron a ser una simple lámina muy alargada, provista de pies y cabeza, en las que un simple atributo indicaba la condición social del personaje. En época helenística se continúan realizando este tipo de obras y destacan el grupo de bronces de Marzabotto, el Marte de Falterona, o el Labrador de Arezzo.

A finales del arcaísmo se realizaron algunas de las más grandes obras de la broncística antigua. Dos de las más importantes son la Loba Capitolina, convertida en símbolo eterno de Roma, y la Quimera de Arezzo.

La Loba Capitolina, tiene una característica que la diferencia de la mayoría de las esculturas de bronce y es que nunca estuvo enterrada, solamente permaneció oculta durante algunos siglos de la Edad Media. Desde que se fundió estuvo expuesta en Roma, aunque hay que tener en cuenta que la que podemos contemplar en la actualidad tiene un añadido que en el siglo XV le pusiera Polaiolo, los dos gemelos. Es un animal fuerte y bien formado. El vello del cuello está tratado con el máximo detalle. La cabeza y lo liso de la piel le dan una gran sobriedad al conjunto. El artista la ha representado con las ubres repletas, signo inequívoco de que está amamantando ¿tal vez a Rómulo y Remo como se interpretó en el Renacimiento? Tenemos noticias de una loba colocada en el Capitolio en época de Cicerón, y Livio afirma que en el año 295 a.C., había una en el Palatino. No tenemos manera de saber si ambas eran la misma loba, y si es la que actualmente está en el Palacio de los Conservadores.

El otro gran bronce de esta época es la Quimera de Arezzo, conservada en el Museo Arqueológico de Florencia, y sabemos que debió fundirse algo después que la Loba Capitolina. La quimera es un animal fantástico con cuerpo de león, prótomo de cabra y cola de serpiente.

Durante el clasicismo y el helenismo continuaran fundiéndose numerosos bronces, y a mediados del siglo IV se produce otra de las obras cumbres de la broncística etrusca, el llamado Marte de Todi. Se encontró entre los restos de lo que pudo ser un templo dedicado a Marte. Sobre un chitón corto lleva colocada una coraza de tiras de cuero, la mano izquierda debía apoyarse en una lanza, mientras que en la derecha lleva una pátera.

Existe toda una serie de grandes bronces de la época republicana, como el busto de un joven desconocido, del Museo Arqueológico de Florencia, que se puede fechar en el siglo III a.C., de procedencia desconocida, en el que la influencia helenística y la del llamado retrato medio-itálico está muy presente; o la estatua del Arringatore del mismo museo florentino, togado que representa a un cierto Aulo Metelo con el brazo derecho extendido, ¿actitud piadosa o pidiendo silencio a las masas para comenzar su discurso? Atendiendo a la inscripción en etrusco que lleva en la orla de la toga era hijo de *Vel* y de *Vesi*. Los especialistas fechan la inscripción con anterioridad a las leyes de ciudadanía de los años 90-89 a.C., pero no más allá del 110 a.C. Estos bronces son fruto de la tradición en la fundición y de la experiencia etrusca en el arte de fundir bronces. En ellos el buen hacer de los coroplastas etruscos es evidente, pero también pueden apreciarse ya algunas de las características de la estatuaria y de la retratística romana, por lo que hace que se encuentren a medio camino entre la producción escultórica etrusca y la romana y que, dependiendo de las preferencias de los investigadores, sean incluidos en una o en otra.

La economía

Tradicionalmente la investigación ha considerado que los etruscos no desarrollaron una economía organizada, sino que se limitaron a la explotación de los grandes recursos naturales que tenían a su disposición, sin ningún tipo de planificación preestablecida.

La economía de los etruscos se desarrolló en dos campos: por una parte habría que tener en cuenta las actividades rústicas, donde se incluirían las explotaciones agrícolas y también las mineras, y por otra parte las ciudadanas, donde se ponía en práctica la comercialización, interna y externa, de todos estos productos. Dentro de la economía ciudadana habría que incluir también la aportación del sector artesanal, aunque no todos los artesanos vivían y trabajaban en las ciudades. Los etruscos, por tanto, desarrollaron los tres sectores clásicos de la economía: la agricultura, la industria y el comercio.

La agricultura y la ganadería

Las referencias a la riqueza agrícola de Etruria y la fertilidad de sus tierras, son abundantísimas en los escritores clásicos. Livio, en varias ocasiones alude a los opulentos campos etruscos (*opulenta arva Etruriae*) y a la riqueza en grano y animales de las llanuras etruscas. En la época de Plinio *el Joven* la fertilidad de las tierras continuaba siendo extraordinaria, así lo refleja en una de sus cartas (5,6,7) cuando habla de su isla construida en *Tifernum Tiberinum* cuando dice que las colinas están cubiertas de buena tierra, pues no es fácil encontrar piedras en ella, aunque se las busque; afirma que a pesar de ser una zona de montaña, los campos son tan ricos como los de la llanura, aunque allí las mieses maduran algo más tarde; las tierras producen vid, grano y las fértiles praderas alimentan bien a los rebaños; Varrón (I,44,1) señala que los campos etruscos producían quince veces la simiente.

La abundancia y la calidad de las cosechas era muy conocida, pero éstas eran fruto de las avanzadas técnicas hidráulicas y agrícolas utilizadas, que permitían que bosques y pantanos se convirtieran en fértiles terrenos. Zonas como Val di Chiana estaban surcadas por numerosos canales de agua artificiales, algunos de los cuales eran subterráneos, que favorecían enormemente el cultivo de la cebada, por Plinio (18,66) sabemos que en la zona de Chiusi se producían 26 libras por modio (cuadrado de unos 120 pies de lado), con él se hacía una harina extremadamente fina con la que se elaboraban tortas, pero que también se empleaba por las mujeres como producto de belleza; así mismo se producían cosechas de avena, centeno, mijo y lino. De modo excepcional, cerca del lago Trasimeno, también se cultivaba el papiro. Tanto en Chiusi como en Arezzo se producía el *siligo* o trigo candeal, que tenía un grano muy delicado utilizado en la fabricación de una modalidad de pan muy apreciada; en estas dos ciudades, y también en Pisa, se cultivaba una modalidad de sémola cuya harina era mezclada con vino y miel para fabricar una pasta que alcanzó gran popularidad.

A decir de Plinio, los etruscos cultivaron varios tipos de vides y de uvas (14,9-24 y 32-39), y dependiendo de las zonas, la técnica de cultivo era diferente, en las zonas en las que no sopla demasiado el viento las vides se cultivaban en altura, sostenidas por sí mismas o por palos, y donde el viento era demasiado fuerte los pámpanos eran obligados a permanecer cerca del suelo.

Los etruscos empleaban ya la mayoría de las técnicas agrícolas básicas que en la actualidad conocemos: arado del terreno, cavado, siembra y eliminación de hierbas que dificultan el crecimiento de la cosecha. El arado aparece representado con cierta frecuencia en los objetos artísticos etruscos, una veces es el hombre el que se encarga de tirar de él, como en la sítula de Certosa, pero lo frecuente es que esté uncido a una pareja de bueyes. También han llegado hasta nosotros una gran cantidad de instrumentos agrícolas de pequeño tamaño, que han sido interpretados como objetos votivos, pero que reflejan fielmente cómo eran lo que utilizaban los campesinos en su trabajo diario.

La adecuada utilización de los regadíos fue también un importante determinante en la fertilidad de los suelos.

Entre las faenas agrícolas también ocupaba un lugar importante la apicultura. La miel, como endulzante natural, era muy utilizada en la cocina de prácticamente todos los pueblos antiguos, pero también se le atribuían propiedades medicinales. Plinio (11,14-15) señala cuáles son los mejores métodos y épocas para la recolección, y cómo hacerlo de una o en otra afecta a los resultados.

Pastos abundantes y valles boscosos favorecieron también el desarrollo de la ganadería, fundamentalmente bueyes, que eran utilizados en las labores agrícolas. Las fuentes también mencionan un tipo especial de terneras, de color totalmente blanco, que eran muy apreciadas en los sacrificios, así como las ovejas y los cerdos. A pesar de ello, las informaciones relativas a la cria de ganado son bastante escasas. Sabemos por Polibio (12,4) que en la zona de la Maremma abundaban los cerdos y por Columela (6,1,1) conocemos la calidad de los bueyes etruscos. Otras informaciones nos hablan de los ricos rebaños de Caere o de los que existían en la zona de La Roselle y el lago Vadimone. También en el arte, en algunas ocasiones, aparecen representados los rebaños de ganado, como la manada de cerdos de una sítula de plata dorada encontrada Chiusi, o la que aparece en una hidria de Caere interpretada como la preparación a un sacrificio.

La industria

La industria etrusca estaba dominada por las actividades artesanales, para muchas de las cuales eran imprescindibles las materias primas que proporcionaban las minas y las canteras, pero también la producción agrícola entregaba a la industria materias primas susceptibles de transformación como es el caso de la fabricación de harina, la fabricación del pan o los pasteles. La lana producida por las ovejas y el lino cultivado, ambos muy abundantes, dieron lugar a la aparición de una importante industria textil que exportó muchos productos a Roma a decir de los autores antiguos la *toga praetexta*, la *toga undulata*, la *recta tunica* y la *toga pura* eran originarias de Etruria; también se fabricaban zapatos y sombreros. Todas estas pequeñas actividades industriales eran menores si las comparamos con las más prosperas: la industria cerámica y la de los metales.

En el capítulo dedicado al arte hemos visto la habilidad de los etruscos trabajando la arcilla con la que hacían todo tipo de objetos, los metales empleados en la realización de obras como la Loba Capitolina, la Quimera de Arezzo, el Marte de Todi o el Arringatore, o la misma piedra; pero los artesanos etruscos también destacaron en la creación de objetos de uso cotidiano y de menor tamaño, empleando para ello el bronce o los metales preciosos. A este respecto era esencial el hierro procedente de la isla de Elba, con el que los etruscos crearon una importante industria de fabricación de armas ofensivas y defensivas. Populonia, que recibía también el mineral de la isla de Elba, fue una de las principales zonas mineras, en un primer momento del cobre y, después, a partir del final del período orientalizante se especializó en la producción y comercialización del hierro, cuyos hornos eran colocados sobre pequeñas colinas semejantes a los túmulos de las necrópolis.

Posidonio de Apamea, haciendo referencia a escritos de Diodoro Sículo (V,13,1-2), hace una clara referencia al mineral de la isla de Elba y su comercialización en Populonia:

La isla de Elba, leemos en Diodoro, contiene en abundancia una roca siderosa a la que se rompe en pedazos con vistas a la fundición y a la preparación del metal. En efecto, aquellos que se entregan a estas operaciones trituran el mineral y lo tuestan en excelentes hornos: allí, bajo el efecto de un potente fuego, lo funden y lo reducen a lingotes de tamaño conveniente, que parecen grandes esponjas. Los mercaderes los compran al por mayor y lo transportan a Populonia y a otros centros de comercio. Los empresarios compran esta mercancía y los artesanos herreros que están a su servicio la trabajan produciendo toda clase de objetos de hierro. Fabrican armas diversas, azadas, hoces y otras herramientas de muy buena calidad. Los comerciantes las exportan a todos los rincones del mundo, haciéndolo así participar de estas comodidades.

La utilización del cobre y del bronce por parte de los artesanos etruscos, para fabricar objetos de uso cotidiano, fue muy elevada, pero un paso más elevado lo encontramos en el empleo de materiales preciosos, oro, plata y electrón, en ocasiones solos y en otras combinados con gemas. Sin embargo, Etruria era deficitaria en este tipo de materias primas, y probablemente el oro y la plata los importaba de Oriente. La orfebrería etrusca destaca sobre la de los pueblos vecinos por el modo y la técnica de trabajar los metales; la filigrana y el granulado alcanzaron un grado altísimo de perfección que rivaliza e incluso en muchos puntos supera a la técnica de los orfebres actuales. La filigrana es una técnica que aparece en Mesopotamia durante el III milenio a.C., y consistía en la soldadura de hilos torcidos de distinto grosor (en ocasiones de hasta 0,2 milímetros) sobre una placa, con los que se daba forma a motivos geométricos. El granulado también aparece en el Próximo Oriente y en Egipto en el III milenio a.C., y lo introducen los fenicios en Etruria, probablemente a la vez que la filigrana; la técnica consiste en aplicar pequeñas esferas sobre una lámina todo ello de oro formando con ellas la decoración; la técnica de obtención de las esferas es también destacable y se realizaba cortando trozos de hilo que eran colocados en un crisol entre capas de carbón y fundentes, el oro, al fundirse, formaba las esferas. Como técnicas los etruscos también emplearon el modelado, el repujado o el cincelado.

Con láminas de oro y plata obtenían brazaletes de bella decoración y extremadamente ligeros; la hipótesis de que se trataba de joyas importadas del Oriente tiene poco fundamento, pues este tipo de objetos solamente han aparecido en Etruria.

El cobre, y en ocasiones la plata la empleaban para la fabricación de espejos, delicadamente decorados, sobre todo con escenas mitológicas, siendo uno de los objetos que más abundan en las tumbas.

En cierta medida, ligada a la industria textil, debió estar la fabricación de objetos de complemento como por ejemplo las fíbulas, en oro, plata o cobre, cuya función era sujetar los vestidos dada la carencia de costuras que tenían.

Otra importante industria, en gran medida relacionada con el lujo, fue la talla de placas de marfil; como materia prima el marfil podría ser tan caro como el oro. Las primeras llegaron a Etruria procedentes de Oriente y fueron traídas probablemente por los marinos fenicios en torno al siglo VIII a.C. Tuvieron una gran aceptación y difusión, y pronto surgieron grupos de artesanos etruscos que imitaron técnicas, estilos y temas. La fabricación de objetos de marfil se desarrolló sobre todo en las ciudades costeras, donde la materia prima estaba asegurada gracias al comercio fenicio y chipriota, aunque como excepción sabemos que en Chiusi desarrollaron su labor un importante grupo de artesanos dedicados a la manufactura del marfil. Los objetos más antiguos proceden de Etruria meridional y central. Los temas preferidos son esfinges, quimeras, grifones, ciervos, leones y toros combinados con elementos florales y geométricos. La representación de la figura humana en los marfiles etruscos tendrá un papel secundario. Además de placas y utensilios de belleza, con marfil también se fabricaron pequeñas cajas.

Dado lo boscoso de la región, Etruria debió poseer también una industria maderera muy floreciente, materia prima necesaria en la construcción de las casas, pero sobre todo imprescindible para los astilleros donde se construían los barcos. La explotación primero por parte etrusca, y luego por los romanos, fue tan intensa que bosques que eran casi impenetrables, como el de Ciminiano, ya en época de Tito Livio, en el siglo I, habían perdido gran parte de su masa arbolada.

La industria cerámica también alcanzó una gran difusión entre los etruscos, pues como vimos en el apartado dedicado al arte, tenían una gran predilección por trabajar la arcilla y el modelado alcanzó cotas elevadísimas, siendo muy numerosa la producción de placas con relieves, esculturas, máscaras, sarcófagos, pero, sobre todo, vasos cerámicos. La mayor parte de las cerámicas etruscas que han llegado hasta nosotros proceden de las necrópolis, aunque hay que tener en cuenta que muchas de estas cerámicas, las de mayor calidad, corintias y áticas, eran importadas de las ciudades de la

Magna Grecia, amparadas en las intensas redes comerciales establecidas por las ciudades etruscas. Este tipo de cerámicas alcanzaron tanta popularidad, que pronto surgieron imitaciones, que no por eso eran de menor calidad, e incluso artesanos griegos, como Demarato de Corinto, se establecieron en Etruria, abriendo allí sus talleres.

La primitiva cerámica etrusca era modelada a mano, con arcilla poco refinada, con escasas decoraciones, geométricas, incisas o grafitadas. Se trataba de vasos destinados al uso doméstico. El contacto con los artesanos griegos mejoró notablemente la técnica de los ceramistas etruscos. A la imitación de las formas griegas dieron su propio sello personal, al aplicarles un tipo de empasto específico, cocción y coloración, surgiendo así el llamado *bucchero* etrusco. En su elaboración empleaban una cerámica muy refinada, rica en hierro; era bruñida y cocida en un ambiente reductor, lo que producía un acabado en color negro o gris oscuro brillante. Este tipo de cerámica se expandió pronto por toda Etruria, llegando a la época imperial y siendo probablemente la inspiración de la cerámica aretina de barniz negro que en el siglo I se fabricaba en Arezzo.

El comercio

Una buena parte de la economía de los etruscos estuvo basada en el comercio, tanto interior como exterior, algo que quedaría confirmado por el hecho de que el régimen político de algunas de las ciudades etruscas es considerado talasocrático y que el mar que bañaba sus costas, y aún más allá, fuera dominado por los piratas etruscos y recibiera el nombre de Tirreno en su honor. El dominio de las prácticas de navegación era algo imprescindible a la hora de establecer rutas comerciales, y como acabamos de decir, los etruscos dominaban a la perfección estas técnicas, incluso Roma, cuando quiso empezar su aventura marítima, en los albores del enfrentamiento con Cartago, acudió a los astilleros etruscos para construir su primera flota.

Para algunos autores la piratería era la principal forma de comercio realizada por los etruscos, pero ésta es una visión que creemos se aleja bastante de la realidad. Es cierto que los etruscos acumularon enormes riquezas gracias a la piratería, pero también que fueron capaces de establecer relaciones comerciales pacíficas con muchos pueblos, por ejemplo con los cartagineses, de los que fueron aliados en su lucha con los griegos, con los sibaritas, con los milesios y con los atenienses, entre otros. Es muy probable que estas relaciones comerciales, en algunas ocasiones, estuvieran refrendadas por tratados.

Los etruscos también establecieron relaciones comerciales por tierra con las poblaciones que les rodeaban sobre todo dirigiéndose hacia el norte, donde eran muy conocidos sus vinos, su cerámica y sus armas de bronce.

Como necesario complemento económico, las ciudades etruscas emitieron también series monetales. La utilización de la moneda y el control de su emisión eran imprescindibles para el buen establecimiento de relaciones comerciales. Las más antiguas monedas encontradas en Etruria son griegas, de Phocea y de otras ciudades de Asia Menor. A partir del siglo V a.C., se acuñaron las primeras monedas en Populonia que llevaban en una de sus caras la cabeza de la Gorgona. También está documentada entre los etruscos la costumbre del trueque o la utilización de barras de metales preciosos en sustitución de la moneda.

La arqueología nos ha proporcionado alguna información sobre las rutas comerciales que seguían los marinos etruscos. Sus barcos se desplazaban por todo el Tirreno, recorriendo las costas italianas y las islas de Córcega, Cerdeña y Sicilia. En todas ellas han dejado abundantes restos de su actividad. Hacia Occidente navegaron por el golfo de Génova, hacia Marsella, llegando hasta la zona de Ampurias. Es muy probable, también, que desde Cerdeña o Sicilia dieran algún salto hasta las cercanas costas africanas, favorecido por sus amistosas relaciones con los cartagineses.

CAPÍTULO IV

La vida pública de los etruscos

Todas las sociedades imponían e imponen la realización de una serie de actividades que determinan el carácter social de los hombres y su necesidad de relacionarse unos con otros. Los etruscos no eran una excepción y sabemos que buena parte de su tiempo la ocupaban en la realización de actos cívicos, ya fueran de carácter lúdico o no.

El calendario

De la forma de medir el tiempo de los etruscos, tenemos pocas referencias. Su calendario debía ser muy parecido al primitivo calendario romano[2], el que según la tradición fue instaurado por Numa Pompilio, el segundo rey de Roma, y son muy escasas las informaciones que poseemos a este respecto y por lo general sólo de cuando había alguna diferencia notable con respecto al romano. Por ejemplo, entre los etruscos el día comenzaba al medio día y acababa al medio día siguiente. Los meses eran lunares. Como días importantes tenían la luna llena aproximadamente en el centro del

[2] Véase el apartado dedicado al calendario de la obra *Vida y costumbres de los romanos*, Javier Cabrero Piquero en esta misma colección.

mes (*itus*), y las nonas, pero desconocemos si celebraban las calendas como los romanos. Al igual que entre los romanos, las semanas eran de ocho días completos y el noveno era el día de mercado (*nundinae*).

Asimismo conocemos el nombre de ocho de los meses, aunque en su forma latinizada: *Velcitanus, Cabreas, Ampiles, Aclus, Traenus, Hermius, Celius, Xofer*, que se corresponderían con los meses comprendidos entre marzo y octubre. Probablemente, en un principio la duración del año también se ajustó al año lunar, lo que sin duda debía imponer severas correcciones. Desconocemos si se produjeron ajustes en el calendario, a la par que se producían en el romano, aunque es de suponer que esto fuera así.

La diversión

La actividad lúdica de los etruscos la conocemos, fundamentalmente, a través de las presentaciones artísticas. Las pinturas de las tumbas son una magnífica fuente de documentación a este respecto. Ateniéndonos a ello podemos decir que el principal entretenimiento de los etruscos era de dos tipos: por un lado las competiciones deportivas y por otro los espectáculos teatrales.

El teatro

Al contrario de lo que sucedía en Roma, donde los actores no eran bien vistos por la sociedad y frecuentar su compañía era considerado como una ofensa e incluso una grave falta, en Etruria los actores sí que gozaban de buena reputación; recordemos a este respecto, que una de las principales acusaciones que los enemigos de Sila hacían contra él, era que siempre estaba en compañía de actores y que los invitaba a su casa y a su mesa.

Los etruscos, al igual que los romanos de los primeros siglos, no tenían un lugar específico para la realización de las representaciones teatrales; sabemos que en Roma los primitivos teatros eran de madera, desmontables y sin asientos, y que los primeros teatros estables se levantaron en el siglo I a.C., entre los que estaba el de Pompeyo, en el Campo de Marte, quien para evitar que fuera derruido consagró un templo a Venus en su interior. Por las representaciones parietales podemos intuir que entre los etruscos se utilizaron muchos lugares para la realización de las representaciones teatrales, incluso hay datos que parecen confirmar que en el interior de algunas tumbas se destinó un pequeño lugar para este fin.

Por desgracia, todo lo que sabemos sobre las representaciones teatrales en Etruria procede de referencias indirectas y de la problemática interpretación de escenas pintadas sobre paredes, sobre urnas funerarias o sobre cerámica, sobre todo en vasos de figuras rojas de imitación griega. Es de suponer, que los gustos populares etruscos no debían diferir mucho de los del resto de los pueblos itálicos, y que el género satírico debía ser el más seguido y aceptado.

Apenas sí tenemos datos sobre los autores etruscos. Por Varrón, *De lingua Latina* (V,9,55) sabemos que un tal Vulnio escribió tragedias en lengua etrusca en el siglo I a.C. siendo esta cita de gran interés, dado que es la única mención que de este autor ha llegado hasta nosotros.

Es muy probable que un buen número de representaciones estuviesen ligadas al culto dionisiaco, muy popular en Etruria a juzgar por la indumentaria de los personajes que tomaban parte en las representaciones.

En los ajuares funerarios de los siglos III-II a.C., también han aparecido pequeñas máscaras de actores, que evocan a las que probablemente se utilizaban en las representaciones trágicas, cómicas o satíricas, y que debían ser utilizadas como juguetes o como objetos decorativos, algo que parece indicar que la profesión de actor era bastante apreciada, y que éstos gozaban de buena reputación. En ocasiones estos actores aparecen con determinados atributos que hacen dudar de su extracción social, llegándose a pensar que se trata de miembros de la clase aristocrática haciendo de actores, o de actores travestidos en aristócratas.

La danza

En el arte etrusco, en la pintura, en la cerámica o en la escultura, no es frecuente que aparezcan escenas de una representación cómica o trágica, pero sí de otra parte de las representaciones teatrales: la danza, en ocasiones unida a la música, que también eran utilizadas en las exequias funerarias.

A tenor de las representaciones parietales y las que encontramos en la cerámica y en otros soportes, entre los etruscos se dieron dos tipos de danza, como por otra parte era lo habitual entre las poblaciones antiguas: por un lado aquella que iba ligada a las manifestaciones religiosas y por otro la que tenía únicamente una finalidad lúdica. Aunque del primero de los casos en Etruria tenemos muy pocos ejemplos y la mayoría de ellos de dudosa interpretación, es de suponer que durante las numerosas celebraciones campestres en honor de divinidades agrícolas, habituales entre los etruscos, tendría lugar algún tipo de danza ritual.

En el año 364 a.C., según Tito Livio, se celebraron en Roma por primera vez unos juegos escénicos (*ludi scaenici*) para aplacar a los dioses y que éstos pusieran fin a una terrible epidemia que se estaba produciendo en la ciudad; según este autor, entre los espectáculos que pudieron verse en la ciudad, estaban danzas muy armoniosas que dice fueron ejecutadas al sonido de la flauta y a la manera etrusca, lo que nos indica que en esta época los etruscos habían desarrollado ya un estilo propio de danza que podía ser reconocido por todos, tal vez éste es el representado en una crátera etrusca de figuras rojas con una pareja de danzadores del Museo de Guarnacci en Volterra. En las pinturas parietales de las tumbas de Tarquinia, Chuisi y Orvieto con frecuencia aparecen representadas danzas profanas cuya finalidad era amenizar los banquetes u honrar al difunto, y también en algunos cipos de Chiuso conservados en el Museo Arqueológico de Florencia. Como ejemplos podríamos citar el de la

Tumba de los Malabaristas, de Tarquinia, donde aparecen representadas bailarinas, danzando al son de la siringa, acróbatas, tocadores de flauta y un anciano sentado sobre un taburete, que probablemente es el propio difunto; en la Tumba de las Bigas, cuyas pinturas han tenido que ser trasladadas al Museo de Tarquinia para evitar su deterioro, la decoración de la única habitación está compuesta por dos frisos historiados uno con fondo blanco en el que están representados juegos atléticos y otro con fondo rojo en el que están representados un banquete y escenas de danza; en la Tumba de los Leopardos, igualmente de Tarquinia, un banquete, posiblemente fúnebre, está representado en la pared del fondo y escenas en las que los protagonistas son músicos y bailarines en las paredes laterales; en las paredes laterales de la Tumba del *triclinium* bailarinas con crótalos y bailarines entretienen a los comensales; en la Tumba Golini I, de Orvieto, un banquete es amenizado por bailarines y músicos.

En el arte etrusco aparece representada también una danza que ha sido interpretada como danza guerrera, lo que es muy probable, si tenemos en cuenta que este tipo de danzas eran habituales, incluso en Roma, donde los *salios,* entrechocando sus pequeños escudos bilobulados (*anciles*) cantaban himnos acompañados de saltos rítmicos y danzas rituales. Este tipo de danzas era bastante popular entre los pueblos itálicos; la danza de los *salios* estaba encabezada por un jefe al que todos imitaban.

Sin duda, las danzas báquicas debieron estar entre las más populares y, todo el arte itálico, ya sea etrusco, romano o el de otras poblaciones, abunda en representaciones de Silenos y Ménades danzando. J. Hurgopn, en base a todas estas representaciones llega a la reconstrucción de esta danza: «el primer movimiento, la invitación a la danza está representada por un gesto de la mano con el que el Sileno salta alegremente hacia la Ménade que, sorprendida, sale huyendo. Siguen los pasos representados en las cornisas de Faleria, Lanuvium y Satricum, donde el Sileno y la Ménade caminan enlazados, ejecutando, se diría, un paso paralelo. Finalmente, en una última fase, la Ménade aparece alzada sobre el hombro del Sileno triunfante, como sobre un pedestal animado. Así, esta danza tenía, al parecer, un valor mímico, representaba un tema dramático; era la danza del rapto».

Ya conocemos la gran afición que tenían los etruscos a Dionisos hasta el punto que Roma llego a legislar en contra de las bacanales como vimos con anterioridad, es, por tanto, muy probable, que todas las danzas etruscas tuvieran una cierta inspiración báquica, que puede rastrearse en los disfraces y en las máscaras que utilizaban, y aunque en las representaciones de danza no aparecen reflejados todos los elementos del culto báquico, es indudable que están en el ambiente recreado y en lo aparentemente desenfrenado de las danzas que ejecutan.

La música

Existe cierta unanimidad en la creencia de que la afición que los etruscos sentían por la música la heredaron de los griegos. En muchos de los mitos griegos, la música juega un papel fundamental, el ejemplo más claro es el de Orfeo, el hijo de Eagro y de Caliope quien con la lira, que le había regalado Apolo y le habían enseñado a tocar las Musas, atraía a los animales, árboles y rocas.

Sin embargo, si de los griegos, a pesar de conocer sus anotaciones musicales en forma de lo que podríamos considerar partituras, desconocemos en realidad como era el sonido de su música, pues no se ha llegado a una interpretación segura de estas anotaciones, de los etruscos somos aún más ignorantes en lo referente a cómo debían sonar sus composiciones musicales.

Los etruscos utilizaron la música para acompañar, no sólo la danza, sino también los juegos, los banquetes y las ceremonias religiosas. No había acto social en el que la música no hiciera su aparición y fuera apreciada por todos, incluso era empleada en actos poco habituales como cocinar o azotar a los esclavos, e incluso en la caza, tal y como nos transmite en el siglo III Eliano en su *Historia de los Animales:*

Hay un relato que circula entre los etruscos que dice que ellos capturaban los jabalíes y los ciervos no sólo con redes y perros, como se hace en general, sino también con la participación de la música. Esto se hace de la siguiente manera: disponen sus redes y demás artilugios de caza, tienden sus trampas; pero además, allí se aposta un flautista de talento que procura tocar sus melodías más armoniosas y hace sonar lo más dulce que haya en el arte de la flauta; y en el silencio y la paz reinante esta música alcanza fácilmente las cumbres, los valles y el fondo de la espesura; en definitiva, el sonido penetra en todas las madrigueras y las guaridas de los animales. Y al principio, empiezan por asombrarse y tener miedo, después el puro e irresistible placer de la música se adueña de ellos y, una vez que los ha seducido, olvidan sus cachorros y su guarida. Y sin embargo, a los animales no les gusta alejarse de su territorio. Pero éstos, arrastrados como si fuesen víctimas de un encantamiento, fascinados por la melodía, se acercan y caen en las redes de los cazadores, atrapados por la música. (XII,46)

Hay que añadir la importancia de la música en las actividades militares, cuya utilización pasó a los romanos. Existían varios tipos, de las llamadas «trompetas etruscas», una de tubo recto acabado en forma de campana (*tubae*), otra de extremo curvado (*litui*), y otras circulares (*cornua*) semejantes a los cuernos de caza. Todas ellas aparecen representadas en relieves acompañando a escenas militares.

El instrumento más popular y utilizado era la flauta, que por otra parte es el más representado también en las manifestaciones artísticas. Eran numerosas las actividades que podían realizarse al son de la flauta. Entre otras, con su sonido se marcaba el ritmo a los remeros de los barcos. Las flautas eran de diferentes tipos, así, como ejemplo, al margen de las flautas tradicionales, la doble flauta, en una urna de la tumba de los Volumini en Perugia, está representada una flauta travesera, y también, dependiendo de cuál iba a ser su utilización, era diferente el material, así, para los sacrificios, en opinión de Plinio, eran preferidas las flautas de boj:

Hoy, las flautas etruscas para los sacrificios se hacen de madera de boj, mientras que las destinadas a los espectáculos se hacen de madera de loto, de hueso de asno o de plata. (XVI,172)

Sin embargo, Virgilio, en sus *Geórgicas* (II,193) dice que las flautas destinadas a las ceremonias religiosas estaban fabricadas de marfil:

Ésta es la tierra que un día te producirá viñas robustas, de las que Baco afluirá abundante, tierra fértil de uva, de aquel líquido que ofrecemos libando en tazas de oro, cuando un grueso etrusco ha tocado su flauta de marfil junto a los altares.

Los flautistas etruscos alcanzaron muchísima fama, e incluso eran requeridos por los romanos a la hora de celebrar sacrificios rituales. Su técnica era muy depurada y podían tardar en aprenderla hasta diez años, muchos de los cuales los necesitaban para ensanchar sus carrillos, aumentar la capacidad de los pulmones y lograr obtener de la flauta un sonido prolongado y dulce. La imagen más conocida de tocador de flauta es la de la Tumba de los Leopardos de Tarquinia.

A la flauta le seguía en importancia la lira de siete cuerdas, introducida también por los griegos, así como los tambores que igualmente debieron tener su lugar dentro la música etrusca.

Los juegos

Hablar de juegos en el mundo etrusco es hablar de los juegos atléticos, sin duda los que más afición despertaron.

Las fuentes, literarias e iconográficas, nos proporcionan información sobre las competiciones deportivas más apreciadas por los etruscos, entre las que se encontraban las carreras de caballos, el pugilato, y el llamado pentatlón griego (lucha, salto de longitud, lanzamiento de disco, lanzamiento de jabalina y carrera).

Hípica

Un texto de Livio nos habla de la introducción en Roma de las carreras de caballos y el pugilato, por Tarquinio Prisco, procedentes de Etruria para la inauguración del Circo Máximo de Roma, aunque no todos están de acuerdo con la procedencia etrusca de las carreras hípicas en Roma y señalan que pudieron ser autóctonas o proceder de Grecia:

Entonces, por vez primera, se escogió un emplazamiento para el circo que actualmente lleva el nombre de Máximo. Se repartieron entre senadores y caballeros espacios para que se construyesen tribunas particulares, que recibieron el nombre de foros; presenciaron el espectáculo desde palcos, que levantaban doce pies del suelo, sostenidos sobre horquillas. Consistieron los juegos en carreras de caballos y combates de púgiles, traídos sobre todo de Etruria. (I,35,9)

Este testimonio literario, sobre la popularidad de las carreras de caballos en Etruria, es confirmado por las abundantes representaciones artísticas en las que aparecen representadas este tipo de competiciones ya sea en forma de caballos, de bigas o de trigas, pues las cuadrigas parece ser que no fueron utilizadas por los etruscos como vehículo de competición.

Un grupo de placas arquitectónicas de terracota procedentes de Poggio Civitate (Murlo) es altamente ilustrativo con respecto a las carreras de caballos. Esta placas decoraban un gran complejo del siglo VI a.C., y en ellas aparecen los caballos montados por sus jockeys, todos llevan la fusta en la mano y parecen uniformados, con un gorro puntiagudo (*pileus*) sobre la cabeza, vestido corto y lo que parece una capa, también corta, anudada al cuello. El gran vaso que aparece a la izquierda de los caballos ha sido interpretado como el trofeo destinado al vencedor.

Relacionados con la hípica estaban los *desultores*, protagonistas de un tipo de competición a medio camino entre las acrobacias y las carreras. Eran muy apreciados por el público, pues su actuación requería una gran preparación física y no estaba exenta de riesgo. El ejercicio que realizaban podía tener variadas formas: desmontar del caballo en plena carrera y volver a montar en él; desmontar del caballo y correr agarrado de su cola, para luego volver a montar; cambiar de caballo en cada uno de los giros dados a la pista de carreras. También participaban en las carreras de carros, descendiendo del carro y volviendo a montar antes de que acabara la carrera; otra variante era descender del carro y acabar la última vuelta agarrado a la brida de los caballos.

Las carreras de carros, *bigas* y *trigas*, como decíamos al principio, fueron también muy apreciadas. El más popular de todos era la *triga*, carro tirado por tres caballos, el auriga vestía un chitón corto y las riendas estaban sujetas a su espalda.

Las carreras y los carros aparecen abundantemente representados en el arte etrusco; por las fuentes literarias conocemos el nombre de al menos uno de los aurigas ganadores, es el caso de Ratumenna, que venció en una carrera en Veyes, pero los caballos se negaron a detenerse y siguieron corriendo hasta Roma y al alcanzar el Capitolio el auriga cayó del carro y encontró la muerte. Este hecho es narrado, entre otros, por Plinio (*N.H.* VIII,161) y por Plutarco (*Publicola*, 13) quien a propósito del deseo de Tarquinio *el Soberbio* de colocar una cuadriga de terracota sobre el templo de Júpiter Capitolino, terracota que había encargado a los artesanos de Veyes dice:

Reinando todavía Tarquino, tenía ya casi concluido el templo de Júpiter Capitolino, y bien fuese por vaticinio que se le hizo, o por movimiento y dictamen propio, encargó a unos artistas tirrenos de la ciudad de Veyes una carroza de barro, que había resuelto poner en el remate, y al cabo de poco perdió el reino. Pusieron los tirrenos la carroza de cuatro caballos ya formada a cocer en el horno, y no sucedió lo que era natural sucediese con el barro, que era entrarse y contraerse, disipada la humedad, sino que se dilató y ahuecó, tomando tanto bulto y tanta consistencia que aun quitada la cubierta del horno y derribadas las paredes, hubo dificultad para sacarla. Juzgaron los adivinos que aquello encerraba un gran prodigio y que anunciaba dicha y autoridad a aquellos en cuyo poder estuviese la carroza; por lo cual determinaron los de Veyes no entregarla a los romanos, que la reclamaban, y respondieron que pertenecía a Tarquino y no a los que le habían desterrado. Pocos días después había en Veyes carreras de caballos y, por lo demás, todo pasó en ellas como es de costumbre en tales espectáculos; pero con el carro vencedor sucedió que apenas el auriga salió coronado del circo, cuando espantados los caballos, sin ninguna causa conocida, sino por algún impulso superior o por buena suerte, dieron a correr a escape hacia Roma, llevándose al auriga. De nada le sirvió a este tirarles de las riendas y darles voces, porque le arrebataron, teniendo que ceder y sujetarse al ímpetu, hasta que, llegados al Capitolio, lo echaron allí a tierra junto a la puerta que ahora llaman Ratumenna. Maravillados y temerosos los habitantes de Veyes con este acontecimiento, permitieron que la carroza se devolviese a los artistas.

Boxeo

El boxeo fue un deporte apreciado en casi todas las culturas de la Antigüedad. Ya en las tumbas egipcias de Mery Ra, en Minia y de Path Hotep, en Saqqara, aparecen representados hombres boxeando; lo mismo podemos encontrar en numerosas pinturas murales de Creta, como los jóvenes boxeando de una casas de Akrotiri; qué decir de las representaciones en vasijas griegas de figuras rojas o de figuras negras, en las que el boxeo es un tema recurrente, como una del Museo del Louvre de París, en la que un juez contempla cómo combaten dos púgiles que sangran por la nariz debido a los golpes; magnífica es también la escultura conservada en el Museo de las Termas de Roma, en ella está representado un púgil que descansa sentado, va desnudo y sus antebrazos están ceñidos por unas cuerdas, el dorso de las manos y la tercera falange de los dedos llevan unas protecciones, probablemente de cuero, aunque hay quien apunta que eran metálicas, lo que las convertía en un arma mortal.

El pugilato en Etruria hay que encuadrarlo dentro de este gusto por los deportes de lucha, entre los que también estaría la llamada «lucha greco-romana» o el pancracio, un tipo de combate sin ningún tipo de reglas y en el que todo estaba permitido. Los boxeadores etruscos solían pertenecer a las clases más bajas de la sociedad, dado que se trataba de una prueba dura, sangrienta y en ocasiones incluso mortal, aunque tampoco faltaban los jóvenes de buena familia entre sus practicantes.

En las tumbas etruscas, las primeras representaciones de boxeo se remontan a mediados del siglo VI a.C., e investigadores como J. P. Thuillier, experto en los juegos atléticos etruscos, establecen que en aproximadamente el 30 por ciento de las tumbas se repite el tema, algo que llama poderosamente la atención si se compara con las representaciones de otros juegos atléticos, siempre en medida muy inferior; añaden que, incluso cuando es un único deporte el representado, se opta por el pugilato. Esto indicaría claramente la importancia que el boxeo tuvo para los etruscos. Pero las escenas de pugilato no sólo aparecen en las tumbas, al menos en cuatro ocasiones podemos encontrarlas en las estelas felsinas, también en algunas sítulas y, sobre todo, en vasos cerámicos, especialmente en ánforas de tradición villanoviana.

Normalmente los boxeadores siempre aparecen representados de la misma manera, enfrentados uno a otro, con los puños levantados a la altura de la cabeza; de esta tónica general se sale un fresco de la Tumba del Lecho Fúnebre, en Tarquinia, donde en una de las escenas, un boxeador ha sido retratado en el momento de dar el golpe definitivo a su adversario. No es seguro, que al igual que sucede en el boxeo moderno, en el antiguo existieran categorías de peso a la hora de enfrentarse los púgiles, pero recientemente se ha pensado, por una inscripción encontrada en Francavilla Marittima, cercana a Sibaris, que sí pudieron existir categorías en cuanto a la corpulencia de los que iban a enfrentarse. Tampoco debía existir algo que recordara a nuestros *rings;* los combates se celebraban sobre la arena, pero no había ningún lugar específico destinado a este fin. Una característica especial de los combates de boxeo etruscos, era que éstos se disputaban con acompañamiento musical; así, en la Tumba de los Augures, en Tarquinia, un sonador de doble *aulos* se sitúa al lado de los boxeadores dirigiendo su música hacia ellos; este mismo esquema se repite en la Tumba de las Inscripciones, donde un flautista acompaña a los púgiles marcando el ritmo del combate con su música. En la Tumba de la Citara además de flautitas aparecen otros músicos amenizando el combate. En las tumbas de Chiusi sucede algo parecido y la relación de los *auletas* con los boxeadores siempre está presente, con dos excepciones, en la Tumba de las Bigas y en la Tumba de las Olimpiadas.

Otra cosa que desconocemos es si existía una duración determinada de los combates, pero sí que se puede descartar, casi con seguridad, que se produjeran descansos durante los combates. La lucha comenzaba y terminaba sin interrupción, por lo que es de suponer que para los púgiles campeones fuera más importante la resistencia que la técnica.

Pentatlón griego

Se componía de cinco pruebas: la lucha, el salto, el lanzamiento de disco, el lanzamiento de jabalina y la carrera a pie. Todos estos deportes, bien por separado o bien practicados en conjunto, aparecen atestiguados por la documentación etrusca. Una característica, que los atletas etruscos tomaron de los griegos era, sin duda, la de realizar las competiciones desnudos.

Para los etruscos, la lucha fue mucho menos popular que el pugilato; veían en ella un deporte menos apasionante, que no requería ningún tipo de acompañamiento musical que le diera dramatismo. La lucha tenía unas reglas y unos objetivos perfectamente establecidos: para vencer se debía derribar tres veces al adversario haciendo presa solamente por encima de la cintura, aunque parece ser, que en determinados casos el ataque a las piernas estaba permitido. La documentación cronológica e iconográfica sobre la lucha etrusca es muy variada y por ella se deduce que fue en la ciudad de Chiusi donde alcanzó un grado de popularidad más elevado. En cierto número de estelas de esta ciudad, al menos cuatro, aparecen representadas escenas de lucha, con los luchadores en diferentes posiciones: encorvados en la posición inicial, un luchador sobre otro, un luchador voltea al adversario sobre la espalda, etc. También parece documentada en las tumbas como la del Cantor, la de la Colina, la de Poggio al Moro o la de Montollo, estas dos últimas, en la actualidad perdidas. En los frescos de las tumbas de Tarquinia, la de los Augures y la de las Inscripciones, también hay escenas de lucha, la más llamativa es una en la que un luchador eleva a su adversario sobre sus hombros después de hacer presa sobre la corva derecha.

La segunda prueba del pentatlón griego era el salto de longitud. El salto, parece ser que podía hacerse de dos maneras, tomando carrerilla, o simplemente impulsándose desde una posición estática, aunque este último debía tener más la consideración de juego reservado a los niños, que de prueba atlética. Podemos apreciar saltadores en algunos objetos, como candelabros y quema-perfumes; también en espejos, como el de Chiusi en el que un atleta ejecuta su salto al son de la doble *aulos;* o en las pinturas parietales, como en la Tumba de las Olimpiadas, donde el atleta es representado en la última fase del salto. En todas estas representaciones no existe unanimidad a la hora de representar la prueba, lo que parece indicar que los artistas, al igual que el público en general, no le prestaban demasiada atención, y probablemente recibía la consideración de competición menor.

El lanzamiento de disco era una de las pruebas clásicas junto con el lanzamiento de jabalina para los griegos, sin embargo, para los etruscos el lanzamiento de disco no tenía demasiado interés, existen algunas pequeñas estatuas de discóbolos, pero no en la posición tradicional y en las pinturas en las que están representados, como en la Tumba de las Olimpiadas o en la Tumba del Guerrero, de Tarquinia, carecen de movimiento atlético, lo que hace patente el desinterés por la prueba. Algo semejante sucede con el lanzamiento de jabalina, que al ser también una actividad militar o de caza, en ocasiones se hace difícil distinguir unas de otras, y saber de este modo en qué casos concretos nos encontramos ante una prueba atlética. Algunas esculturas, como el lanzador de jabalina, bronce etrusco conservado en el Museo del Louvre de París, cerámicas y representaciones murales entre las que destacan la Tumba del Canto, en Chiusi o la del Guerrero, de Tarquinia, muestran esta actividad, que tampoco alcanzó demasiada popularidad entre los etruscos.

La última prueba del pentatlón griego era la carrera a pie, cuyos rudimentos los conocemos por Grecia, pero desconocemos si eran los mismos para Etruria, pues como dijimos en su momentos, no poseemos vestigios arqueológicos de estadios en la zona etrusca, lo que hace suponer que nunca existieron. Por la única fuente que nos proporciona información sobre las carreras etruscas, lo único que podemos estudiar es la naturaleza de estas carreras, si se trataba de carreras al *sprint* o carreras de fondo. Esto ha permitido a los investigadores deducir que se disputaban competiciones de medio fondo y de *sprint*, faltando en Etruria las carreras de fondo.

En la Tumba de las Olimpiadas se puede observar un ejemplo de carrera al *sprint* en la que participan tres corredores, mientras que en un cipo de Chiusi lo que aparece representado parece una carrera de medio fondo.

Otras competiciones deportivas

En Etruria aparte de todas éstas eran conocidas otras competiciones, sin duda de menor importancia. No es éste el caso de la caza, actividad cinegética que algunos consideraban un deporte. Las representaciones de cacerías son bastante numerosas y se popularizan a partir de inicios del siglo V a.C.; además, la caza, que era practicada principalmente por los aristócratas, tenía también numerosos aspectos sociales, dado que en ella tomaban parte y colaboraban estrechamente las capas más elevadas de la sociedad, con otras de rango inferior; esta colaboración era imprescindible para alcanzar los fines que la actividad cinegética requería. Algo semejante nos sucede con los deportes acuáticos, de los que apenas tenemos datos, si exceptuamos la pesca y consideramos a ésta como un deporte.

Desconocemos la existencia de pruebas de natación, y solamente Virgilio, en el libro V de su *Eneida* hace mención a la celebración de regatas náuticas. Otro deporte, muy popular éste sí, del que no tenemos noticias en Etruria, es el pancracio, una competición de lucha en la que como dijimos todo era válido y no tenía reglas. Resulta extraño que, dada la afición de los etruscos a los deportes extremadamente violentos, como el boxeo, desconocieran esta modalidad de lucha considerada como la más dura y peligrosa de todas. Por el contrario, sí tenemos representaciones de un juego típicamente etrusco, el *Phersu*. Para muchos autores el *Phersu*, que aparece en tres frescos de Tarquinia, y que al parecer era muy apreciado por las clases altas de la sociedad, es el antecedente de los *munera*, de los juegos de gladiadores que tanto se popularizaron en Roma. Aunque sabemos que los espectáculos de gladiadores llegaron a Roma procedentes de Campania en algún momento del siglo IV a.C., lo cierto es que hasta allí los llevaron los etruscos, aunque ellos se encargaron de darles un cierto toque personal, si bien los gladiadores solamente aparecen representados como tal, en las tumbas etruscas, a partir del siglo II a.C.

Finalmente existen, en cuanto a los deportes se refiere, algunas referencias a competiciones de lanzamiento de peso en Etruria, deporte que tampoco debió ser demasiado popular.

Todas estas actividades, además de cómo divertimento, tenían un fuerte componente religioso, algo que es evidente en los mismos soportes en los que aparecen representados las escenas atléticas, y que casi siempre están relacionados con el mundo funerario: estelas, cipos y frescos de las tumbas. Además con motivo de las principales fiestas religiosas se realizaba algún tipo de competición o celebración de juegos, como los que tenían lugar anualmente durante la asamblea etrusca en el santuario de Voltumna y que eran costeados por los dignatarios de las ciudades que asistían a la reunión.

CAPÍTULO V

La vida privada de los etruscos

La casa

En el apartado dedicado al arte ya hablamos brevemente de la casa etrusca y cómo a falta de restos arqueológicos, nuestra principal fuente de información al respecto es el mundo funerario, dado que las tumbas fueron concebidas como la casa eterna, en la que el difunto iba a permanecer para siempre.

Sabemos así, gracias a las necrópolis y los ajuares funerarios, que el primer tipo de habitación etrusca, entre los siglos IX-VIII a.C., debió ser la cabaña de planta ovalada, con techo a doble vertiente, con un agujero destinado a la salida de humos, tal y como nos muestran algunas urnas funerarias. Una cabaña, probablemente muy semejante a estas, era la encontrada en el Palatino, en la que la viga que formaba el tejado a doble vertiente estaba sujetada por un poste central; habitualmente las paredes se hacían con ramas o cañas entrecruzadas y luego eran cubiertas de arcilla que se dejaba secar al sol.

Según evoluciona la sociedad y la economía también evoluciona o cambia el tipo de casa; así, a partir del siglo VII a.C., las casas se hacen mucho más sólidas, dejan de tener un aspecto precario y poco duradero y adoptan la planta cuadrangular. Se construyen ya sobre cimientos sólidos, aunque realizados sin aglomerantes, y las pareces comienzan a hacerse de adobes secados al sol; la cubierta a doble vertiente continúa haciéndose con vigas de madera y tejas acanaladas semejantes a las actuales. En el interior se separan los ambientes con paredes de adobes o cañizo.

A inicios del siglo VI a.C., la casa ha sufrido una nueva evolución; se compone ya de un ambiente transversal con dos o tres pequeñas habitaciones adosadas a él y comienza a extenderse la costumbre de decorar los tejados con terracotas pintadas y las tejas comienzan a recibir también una decoración geométrica y lastras que cubren todo el armazón.

En el siglo IV a.C., tenemos un magnífico ejemplo de casa etrusca ya totalmente diferente en la ciudad de Marzabotto: la casa se articula en torno a un patio central en forma de cruz, en cuyo centro se ha excavado un pozo del que se obtiene el agua, a él se abren las habitaciones, no todas del mismo tamaño.

Con posterioridad, la casa etrusca se asemeja ya totalmente a la romana de época republicana, con un atrio central al que se abren pequeñas habitaciones laterales y una gran sala al fondo. Este tipo de casa de nuevo lo conocemos por algunas urnas. Las más conocidas son dos procedentes de Chuisi conservadas en el Museo Arqueológico de Florencia.

La familia

Aunque durante muchos años se difundió la creencia del supuesto carácter matriarcal de la familia etrusca, lo cierto es que ésta no era muy diferente al tipo de familia que había en otras sociedades como la griega o la romana. Este supuesto carácter matriarcal de la familia etrusca le fue atribuido por el papel que la mujer parecía desempeñar al ser puesta en plano de igualdad con los hombres en la mayoría de los monumentos funerarios: hombre y mujer aparecen juntos retratados en los banquetes y también en la tapa de los sarcófagos.

El estudio de las inscripciones etruscas, y de algunos documentos literarios de época clásica, permite afirmar que la familia etrusca era de carácter patriarcal. El *pater familias*, era la cabeza del núcleo familiar, era respetado por todos y en torno a él se agrupaban hijos, esposa y nietos, y probablemente también los criados, esclavos y clientes. El gentilicio familiar pasa de padres a hijos y se lleva con orgullo hasta el punto de que en algunas inscripciones el difunto se dice hijo de..., nieto de..., biznieto de..., algo que también sucede entre los romanos y nos confirma la semejanza entre ambos sistemas familiares, el romano y el etrusco; y al igual que ellos, los etruscos debían estar preocupados por la perdurabilidad del nombre y de los logros alcanzados por los miembros de la familia. No se puede asegurar, sin embargo, que existiera un culto a los antepasados. tan elaborado como el romano, con la conservación de las imágenes en un lugar preeminente de la casa y el *mos maiorum*, es decir, el conocimiento y la aceptación de las tradiciones y el modo de vida de los antepasados y todo lo que ellos consideraban como justo y recto.

Al igual que en Roma, el *pater familias* debía tener la autoridad máxima sobre todos los asuntos familiares y ciertos derechos sobre todos los integrantes del núcleo familiar. Él era el responsable de la pervivencia de la familia, de su buen nombre, de las relaciones con otras familias y de la buena marcha de la economía familiar.

El papel de la mujer

Pero si hay algo que diferencia a la familia etrusca de la romana es el papel que la mujer tenía dentro de ella.

Ya desde el siglo VIII a.C., en las necrópolis etruscas se identifican a la perfección las tumbas femeninas por los ajuares encontrados en ellas, además, el trabajo que tradicionalmente se asignaba a la mujer, hilado y tejido, en la documentación gráfica de procedencia griega, raramente aparece reflejado en el arte etrusco, solamente en un *tintinabulum* de una tumba de Bolonia podemos encontrar a una mujer realizando trabajos específicamente considerados como femeninos. Ya en época arcaica la mujer comienza a aparecer en ámbitos que no son los estrictamente familiares: en las placas de Murlo por primera vez aparecen participando en un banquete, en las de Velletri y S. Omobono son retratadas a lo alto de una biga y en las de Poggio Civitate participando en una procesión sobre un carro acompañada de dos sirvientas. Sin embargo, la arqueología sí nos parece demostrar que en la intimidad de los hogares, las mujeres etruscas también realizaban esas labores tradicionalmente consideradas como femeninas; un claro ejemplo de esto es la casa de Acquarossa en la que se han encontrado una gran cantidad de pesas de telar de diferente tamaño, lo que parece indicar que el hilado y el tejido eran una actividad cotidiana dentro de la casa.

A partir del siglo VII a.C., las mujeres comienzan a aparecer en las inscripciones, pero a diferencia de las romanas, que solamente aparecen con el gentilicio, las etruscas tienen su propio nombre: *Nuzinai, Velelia, Anthaia, Ramtha, Thania, Larthia, Tita,* y otros muchos. La epigrafía también parece indicarnos, que desde las épocas mas antiguas, al igual que a los hombres, también se enseñaba a escribir a las mujeres ya que hay objetos en los que aparece la constancia, bajo forma de texto, de que pertenecían a una mujer, como las inscripciones sobre dos ánforas de figuras negras de tan solo 30 centímetros de altura en cuyo pie puede leerse *mi Culni* (pertenezco a Culni), y la misma inscripción aparece también en dos olpes de figuras negras y en un tercero puede leerse *mi Atiial* (pertenezco a Ati), todos ellos de la Tumba Regolini-Galassi fechables en torno al año 530 a.C.

Estamos muy lejos de dar credibilidad al texto, casi difamatorio que sobre las mujeres etruscas, pero que también afecta a los hombres, transmite Teopompo y que Ateneo en *Los Deipnosofistas* (XII,157 y ss.) nos deja:

Entre los tirrenos las mujeres se tienen en común, tienen mucho cuidado de su cuerpo y se presentan desnudas, a menudo, entre los hombres, tal vez porque entre ellos no es vergonzoso mostrarse desnudos. Están en la mesa, no junto al marido, sino al lado del primero que llega, y brindan a la salud de quien quieren, son muy bebedoras y muy hermosas de ver. Los tirrenos crían a los niños juntos ignorando quien sea el padre de cada uno de ellos; estos niños viven de igual modo que quien los mantiene, pasan parte del tiempo emborrachándose y comerciando con todas las mujeres indistintamente. No es reprobable para los tirrenos ser vistos abandonándose en público a actos sexuales y ni siquiera soportarlos, siendo también ésta una costumbre del país. Están tan lejos de considerar esta conducta como reprobable que cuando el dueño de la casa está haciendo el amor y se pregunta por él, ellos responden: «está haciendo esto o aquello», dando impúdicamente su verdadero nombre a tal tipo de ocupación. Cuando tienen reuniones sociales o familiares se comportan de la siguiente manera: ante todo, cuando han acabado de beber y se disponen a dormir, los sirvientes hacen entrar, mientras las antorchas están todavía encendidas, unas veces cortesanas, otras bellísimas jóvenes y algunas veces sus propias mujeres. Después de haber satisfecho sus deseos con unas o con otras, hacen acostarse a jóvenes vigorosos con éstas o con aquellas. Hacen el amor y se dan a los placeres a veces en presencia los unos de los otros, pero más a menudo rodean sus camas de mamparas hechas con ramas entrecruzadas, sobre las que extienden paños. Ciertamente tienen frecuentes relaciones con las mujeres, pero a veces se divierten con niños y jóvenes efebos, que en su país son muy bellos porque viven en el lujo y tienen el cuerpo depilado. Como todos los bárbaros que habitan hacia Occidente se untan el cuerpo con pez y lo rasuran. Entre los tirrenos hay muchas tiendas especialistas en esta operación, al igual que de barberos entre nosotros. Cuando las frecuentan hacen todo lo necesario, sin avergonzarse de ser vistos por quien pasa.

Esta visión que algunos escritores clásicos tenían de la mujer etrusca, estaba alimentada por mitos muy antiguos que se remontaban incluso a la época de la monarquía romana, cuando Tanaquil jugó un papel de primera importancia en el ascenso al trono de Tarquinio *el Antiguo*, pero también por la incomprensión del papel que la mujer etrusca jugaba dentro de la familia y de la sociedad, dado que la mujer en Etruria gozaba de una posición social y una consideración que no tenían las mujeres romanas o las griegas, recluidas estas últimas siempre en el gineceo. La mujer etrusca tenía libertad para salir de casa e incluso participaba en los banquetes tal y como queda reflejado en los frescos de numerosas tumbas, como la del *Triclinium* o la de los Leopardos, ambas en Tarquinia; también asistían con toda libertad a los espectáculos públicos e incluso llegaban a presidir alguna competición atlética como puede apreciarse en una pintura de Orvieto.

Esto es algo que también puede verse en la epigrafía de algunos individuos que además de dejar constancia de la línea paterna, también mencionan sus ascendientes por línea materna, como en *T.L.E.*, 136 donde se lee: *Lars, hijo de Arruns Pleco y de Ramtha Apatronia*. Ésta era una costumbre tan arraigada que incluso sobrevive a lo dominación romana y tiene continuidad en la epigrafía latina de Etruria.

Tenemos noticias de algunos hombres en Etruria, que lograron hacer carrera política gracias al matrimonio, como Demarato, extranjero que logró una buena posición merced a su matrimonio con una noble etrusca, unos de sus hijos, al que Livio le da el nombre de Lucumón, se caso con Tanaquil, otra noble etrusca, ésta, para no descender de rango empujo a Lucumón a abandonar Tarquinia y hacer carrera en otra ciudad, así lo relata Livio (I,34,4):

Lucumón, heredero universal, orgulloso ya por sus riquezas, lo fue en mayor medida al contraer matrimonio con Tanaquil, de muy alta cuna y no dispuesta a permitir que su enlace la rebajase del rango en que había nacido. Como los etruscos despreciaban a Lucumón por ser hijo de un exiliado, de un forastero, ella no pudo soportar la humillación y, dando de lado a la innata querencia a la patria con tal de ver a su marido cubierto de honores, tomó la determinación de emigrar de Tarquinia. Roma le pareció lo más indicado para su objetivo: en un pueblo nuevo, donde toda la nobleza es reciente y, por méritos, habrá un sitio para un hombre de arrestos y de empuje.

Este Lucumón de Livio fue sucesor de Anco Marcio, tercer rey de Roma, sin contar a su fundador mítico Rómulo, y primero de los tres monarcas etruscos que gobernaron la ciudad.

Pero éste no es el único caso en el que las mujeres etruscas tuvieron un papel decisivo en los acontecimientos históricos. Tito Livio y los escritores que hablan de los primeros siglos de la historia de Roma y de sus enfrentamientos con las ciudades etruscas, abundan en anécdotas de este tipo, en las que mujeres de ascendencia etrusca jugaron un papel de primera fila en los acontecimientos políticos.

Desconocemos cuál era el papel desempeñado tanto por la mujer como por el esposo en la educación de los hijos, pero es de suponer que el proceso no debía ser muy diferente al de los romanos, una primera etapa en la que por necesidades biológicas los niños quedaba al cuidado y educación de la madre, y que llegados a determinada edad era el padre el que se hacía cargo de ellos.

Lo mismo podemos decir de la organización interna de la casa, la mujer debía ser la responsable de la distribución del trabajo a los criados domésticos, ordenando lo que cada uno debía hacer en cada momento y ocuparse de que no faltara nada de lo necesario.

La alimentación

Entre los escritores de la Antigüedad los etruscos tenían fama de buenos comedores y bebedores, por lo que con frecuencia encontramos en ellos juicios negativos sobre sus costumbres alimenticias: Diodoro Sículo dice que se pasaban el día comiendo y bebiendo y la imagen que Virgilio da de ellos en el libro segundo de sus *Geógicas*, es la de hombre grueso.

Ya hemos hablado en el capítulo de economía de la riqueza agrícola de Etruria, riqueza que es recordada también por Diodoro Sículo cuando dice que Etruria era rica en todo tipo de cosechas y que trabajando su tierra intensivamente tienen frutos en gran cantidad tanto que desbordan las necesidades propias y les permiten acumular grandes riquezas (V,40,3). Por Livio (XXXVIII,45) sabemos de la riqueza en cereales, pero carecemos de información concreta sobre las costumbres culinarias etruscas. Posidonio de Apamea nos transmite la noticia de que los etruscos se sentaban a la mesa dos veces al día, algo que, por otra parte, era lo habitual, griegos y romanos ya lo hacían.

De las grandes cosechas de grano se puede deducir que la base de alimentación sería el cereal, consumido de muy diferentes formas, como pan, en forma de tortas, e incluso cocido, tal vez haciendo con él algo semejante a la sopa. No es seguro que los bueyes que criaban estuvieran destinados a la alimentación, pues sabemos que su utilización básica era como animales de tracción, aunque no se puede descartar que en algún caso sirvieran de alimento; es muy probable que las proteínas animales las obtuvieran de ovejas, cabras y cerdos, y también una importante fuente de proteínas debieron ser los animales salvajes que capturaban por medio de la caza o de la pesca. También debía tener un papel destacado las frutas silvestres recogidas en los abundantes bosques que rodeaban las ciudades.

Tenemos, por tanto, que la alimentación etrusca estaba basada en el consumo de verduras, legumbres, carnes, pescados y frutas. Con legumbres, cereales y verduras debían hacer una especie de menestra, que según algunos investigadores, algo semejante ha pervivido en la cultura popular de la zona de Viterbo; con la harina de los cereales se hacían tortitas y panes de diferentes tipos, al igual que los romanos; mientras que las carnes se consumían cocidas o asadas. Por otra parte, los etruscos poseían un aceite de oliva de una calidad aceptable, aunque no es del todo seguro que se empleara en la alimentación, dado que este tipo de aceite solía ser utilizado preferentemente para hacer ungüentos y cosméticos.

Los productos lácteos también debieron ocupar un papel importante en la alimentación de los etruscos, al igual que los condimentos como la sal, mientras que para endulzar las comidas debía emplearse la miel. En las recetas de la Antigüedad e incluso en las de la Edad Media, era notorio el gusto por los alimentos muy especiados o de sabores dulzones.

De las bebidas, la que mejor conocemos, por no decir la única, era el vino, presente en todas las comidas y banquetes. Las cepas, de las que obtenían la uva los etruscos, fueron introducidas en Italia por los griegos en torno al siglo VIII a.C., y las tierras de la Toscana se adaptaron perfectamente a este cultivo, aunque los autores antiguos no consideraban importante la producción de vino etrusco. El modo de elaboración era el tradicional, con recipientes de barro en los que era depositado el mosto con la casca para favorecer así su fermentación; cuando comenzaba a cocer el vino era necesario mover con un palo el interior del recipiente, para evitar que éste se desbordara. Cuando dejaba de cocer, significaba que el vino estaba ya listo para ser consumido, esto ocurría pasados tres o cuatro meses. En este momento era trasvasado a otros recipientes. En Etruria el resultado era un vino de alta gradación alcohólica, denso y aromático. No era habitual consumir el vino en estas condiciones, sino que antes era mezclado con agua y miel para rebajar su gradación y que fuera más agradable al paladar.

Por desgracia, para los etruscos y sus comidas no poseemos una obra semejante al *Arte culinario* de Apicio, cocinero romano que vivió en época de Augusto, e hizo un compendio de los guisos que más gustaban a los romanos. Es de suponer que algunas de las recetas de este *gourmet* procederían de Etruria, al igual que de otras regiones, pero no estamos en disposición de separar unas de otras; con respecto a la cocina etrusca, nuestra principal fuente de información vuelven a ser las pinturas parietales de las tumbas, concretamente la tumba Golini I, de Orvieto, de mediados del siglo IV a.C. En ella podemos contemplar cuáles eras las costumbres alimenticias de una familia de las clases superiores. En ellas vemos cómo los sirvientes, eran los encargados de trocear la carne, cosa que hacían con un hacha de pequeñas dimensiones; mientras que los alimentos se cocían en el horno, otros estaban encargados de hacer panecillos. Los dueños de la casa están tumbados en *klinai*, mientras que nuevos sirvientes les vierten la bebida en copas. La comida, que se realiza a la luz de hermosos candelabros de bronce, es amenizada por el sonido de liras y flautas.

Por lo que se refiere a los instrumentos de cocina, la arqueología nos ha proporcionado una gran variedad de ellos, a pesar de que los etruscos, al parecer, no tenían en sus casas una habitación dedicada especialmente a cocina, y guisaban a cielo abierto en hornillos, de los que se han encontrado tres variantes: los más antiguos son de tipo cilíndrico con una placa agujereada en la parte superior y una abertura lateral para introducir el combustible; a partir del siglo VII a.C., los hornillos adoptan forma de herradura de caballo con unos salientes hacia el interior para sujetar la olla; el último tipo es muy parecido al anterior, pero con una abertura superior para apoyar el recipiente y otra inferior para la alimentación de combustible.

Los recipientes domésticos para contener o para cocinar alimentos eran muy variados: ollas, calderas y sartenes, de diferentes formas y tamaños, en metal o barro cocido no faltaban en ninguna cocina.

El arreglo personal

Adornos y perfumes

Sabemos que el uso de perfumes y cosméticos tuvo en principio un carácter mágico-religioso-ritual, y que de ahí pasaron a utilizarse con un sentimiento más profano. El universo del arreglo personal, siempre ha estado reservado, mayoritariamente, a las féminas; las mujeres etruscas no se escaparon a esta regla general. Adornos de todo tipo abundan ya en los ajuares funerarios femeninos de época villanoviana en Etruria: collares, anillos, cinturones, fíbulas, placas, todo ello en bronce, excepto alguna excepción, eran utilizados por las mujeres del siglo VIII a.C., para embellecer su figura. Con el paso del tiempo este tipo de objetos se hacen cada vez más elaborados y el bronce deja paso, muy a menudo a metales más nobles: espejos, cofres de marfil, pinzas depilatorias, peines, cortauñas, peinetas y una infinidad de objetos se unen a los utensilios que las mujeres tenían a su disposición, pero sin embargo, a diferencia de Grecia, poseemos poca información sobre los cosméticos que utilizaban, tan sólo los conocemos de forma indirecta por los restos de envases encontrados: *pissidi*, *aryballoi* y *alabastra* de diferentes formas y tamaños. Las fuentes literarias nada nos dicen de su utilización por las mujeres etruscas, a pesar de que, en la Antigüedad, éste era un pueblo que tenía fama de fabricar buenos fármacos. Buena parte de estos productos debieron llegar, gracias al comercio con los griegos y cartagineses, desde Grecia, Oriente y Egipto.

En las pinturas parece apreciarse un cierto influjo de las modas egipcias y anatólicas en cuanto a las formas de maquillarse, da la sensación de que las mujeres etruscas no usaban de modo excesivo el afeite, lo justo para que resaltara la belleza de su rostro. Usaban la harina de Clusium como polvos de belleza, arcilla muy depurada para reavivar el color de las mejillas, se ponían un delicado tono rojizo en los labios, al párpado superior le daban una sombra azulada y resaltaban la blancura de los dientes frotándoles con salvia.

A partir del siglo VII a.C., el uso de cosméticos debía estar ya extendido por toda Etruria, y probablemente se comenzó a desarrollar una incipiente industria del perfume, destinada a competir con las importaciones, que imitaría en contenido y contenedor los que llegaban de fuera, esto es al menos lo que parecen indicarnos las réplicas de ungüentarios encontradas en las tumbas y que indudablemente son de fabricación etrusca. A partir del siglo VI a.C., esta industria estaba perfectamente afianzada, hasta el punto que a su vez se convierte en exportadora y este tipo de productos etruscos se extienden por el sur de la Galia, Cerdeña e incluso llegan a Cartago.

Peinados

Otro aspecto importante del arreglo femenino era el tipo de peinado, que, evidentemente, al igual que en Roma, no fue siempre el mismo y sufrió evoluciones con el paso del tiempo.

Durante los siglos VIII-VII a.C., el peinado femenino consistía en una larga trenza sin recoger, que colgaba sobre sus espaldas. A lo largo del siglo VI a.C., por las representaciones pictóricas y por la escultura se pueden apreciar en las mujeres tres tipos de peinado básicamente: en primer lugar continúan utilizándose las trenzas, pero ya no caen sobre la espalda, sino que las dirigen hacia delante y caen sobre el pecho sujetas por una cinta que rodeaba la cabeza; el segundo tipo consistía en largos mechones que también caían sobre el pecho y estaban sujetas por una cinta frontal que deja ver un flequillo; finalmente, el tercer tipo se hacía con cabellos muy largos peinados hacia atrás que caían sobre la espalda.

A partir del siglo V a.C., el cabello femenino se recorta, hasta el punto de que en raras ocasiones llegan a la altura de los pendientes, en ocasiones se peinan de manera que los rizos caigan sobre las mejillas. En esta época parece que también se introduce el gusto por la modificación en el color de los cabellos, que aparecen representados de tonalidades mucho más claras, tal vez las mujeres etruscas hicieran lo mismo que los galos, quienes a decir de Diodoro Sículo (5,28) se aclaraban el cabello frotándolo con una especie de lejía o con cenizas.

En la época de la dominación romana, los peinados en las mujeres se vuelven cada vez más complejos, y comienzan a utilizarse abundantemente las cintas entrelazadas con el cabello, o bien sujetos con una redecilla a la cabeza.

En el siglo III a.C., los cabellos largos vuelven a estar de moda tanto para las mujeres como para los hombres peinados en mechones formando semicírculos o círculos concéntricos; las mujeres pueden llevar el cabello suelto sobre la espalda o sujeto con una diadema

Finalmente, a partir del siglo I a.C., penetran totalmente las modas del peinado que seguían las mujeres en Roma y que se extendieron por todo el Imperio.

En la moda del peinado masculino alternarán los períodos en los que se lleva el pelo corto o largo y aquellos en los que se utiliza barba o se lleva la cara rasurada; una forma de moda masculina que no ha cambiado con el paso de los siglos.

Vestuario

El resultado del hilado y del tejido que realizaban las mujeres etruscas era la tela que utilizaban mayoritariamente para confeccionar la vestimenta que hombres y mujeres se ponían a diario.

Recientemente los tejidos que se empleaban en el mundo antiguo, y en especial en el etrusco, para la confección del vestuario han despertado un renovado interés, aunque todavía falta mucho por averiguar. Un *tintinnabulum* de la Tumba de los Ori, de Bolonia, pieza a la que ya hemos hecho referencia en alguna otra ocasión, nos ha proporcionado un documento gráfico de extraordinario interés sobre el proceso de fabricación del tejido. En una dc las caras aparece representado el trabajo de hilado, mientras que en la otra se representa el tejido, con las mujeres preparando las madejas de hilo, al tiempo que una tejedera trabaja sentada en un telar de dos pisos, imprescindible para la confección de los tejidos en la longitud que éstos requerían, pues lo habitual en la confección de un *chitón* es que se necesitase una tela de el doble de la altura de la persona que lo iba a llevar.

Por suerte se conservan algunos restos de tejidos etruscos. Sin duda, el más famoso de todos, es el que se utilizó para fabricar las vendas de la Momia de Zagreb, una pieza de lino convertida en libro ritual, como ya vimos al principio. En la Tumba de los Relieves también se encontró lo que parece ser una pieza de tela doblada y metida dentro de una funda. Algunas restauraciones permiten saber que los etruscos utilizaban tejidos de vivos colores, que en ocasiones iban decorados con piezas de oro, de marfil o de otros materiales preciosos. Las telas también iban decoradas con motivos geométricos y en ocasiones el borde inferior era de color blanco. Lino y lana eran las materias primas preferidas, o al menos las más utilizadas.

A este respecto, los tipos de tejido, la decoración de éstos y las formas de los vestidos, los espejos adoptan una apreciable fuente de información.

Vestimenta masculina

Las materias primas de la vestimenta masculina eran los habituales lino o lana. Usaban prendas muy amplias, coloreadas y abundantes en dobleces, como por otra parte era lo habitual en toda la cuenca del Mediterráneo oriental. El vestido más usado fue la túnica fabricada con telas de vivos colores y decoración bordada y de apliques.

La túnica que los hombres utilizaban en el siglo VII era larga, decorada con un ajedrezado de cuadros o de rombos, y una capa rectangular sobre la espalda; en ocasiones se cubrían la cabeza con una corona de hojas o de plumas, completaban su atuendo con sandalias con suela de madera sujetas al pie con correas de cuero.

Las modas parecen cambiar en el siglo VI, los jóvenes van menos vestidos por influjo heleno, en ocasiones casi semidesnudos, con una túnica que apenas les cubre los costados; el chitón de lino es usado, tan solo, por los hombres maduros y por los viejos. Sobre la túnica llevan una capa, bordada, que para muchos es el antecedente de la *trabea* romana que llevaban los sacerdotes durante las ceremonias; esta capa les cae por el hombro izquierdo. También usan una capa larga que les llega hasta las rodillas, de forma semicircular, que recibe el nombre de *tebenna*, que en Roma fue adoptada como toga; las sandalias adoptan refuerzos de bronce en sus suelas y comienzan a utilizar, tanto hombres como mujeres, por influencia jonia, sandalias puntiagudas negras o de color. En esta época también llevan la cabeza descubierta.

En el siglo IV a.C., la *tebenna* se alarga hasta los tobillos, se hace más ancha y vuelve la moda en los hombres de tocarse con una corona de hojas. A partir del siglo III a.C., los etruscos prácticamente se integran en la forma de vida romana, y toma impulso la *toga picta* de color púrpura, que pronto será adoptada por los protagonistas de la ceremonia del triunfo en Roma.

La vestimenta femenina

Los tejidos utilizados por las mujeres en sus vestidos eran los mismos que lo de los hombres, lino y lana fundamentalmente y sus vestidos no eran radicalmente distintos a los de los hombres.

Entre los siglos VII y VI a.C., los vestidos de las mujeres, al igual que vimos para los hombres, van decorados con cuadrados o ajedrezados, pero solamente los de lana, puesto que el lino presenta más dificultades para tejerlo con motivos decorativos. Las mujeres en esta época también llevaban una capa que les caía sobre la espalda decorada con los mismos motivos que el resto de los trajes.

A lo largo del siglo VI a.C., pudieron introducirse las modas orientales en la vestimenta de las mujeres con largo chitón y capa y predominio de los colores rojizos. El chitón es de tipo jónico y en ocasiones tan sutil que llega a parecer transparente, sobre él una capa doblada en diagonal sobre un hombro, o bien colocada sobre los hombros con los bordes cayendo sobre la parte anterior del cuerpo. Los zapatos que utilizan son en punta, idénticos a los de los hombres.

A lo largo del siglo V a.C., pudo difundirse el *himation* a la manera griega, con el torso desnudo y las puntas cayendo sobre el brazo derecho, al menos eso parece deducirse de los espejos de esta época. El siglo IV a.C., ve como las mujeres etruscas se sobrecargan de adornos y de joyas: diademas atadas a la nuca, brazaletes, pesados pendientes de racimo. Los zapatos dejan de tener la forma puntiaguda de la época anterior y ahora aparecen las sandalias de cintas entrecruzadas. También comienzan a aparecer vestidos importados de tipo frigio, y la predilección por la ropa sobrecargada disminuye, los chitones llegan hasta la cintura y las joyas se ponen en el cuerpo, no en la ropa. Llevan collares entrecruzados que les caen sobre el pecho, unas veces desnudo y otras cubierto. Por algunos documentos etruscos sabemos que el desnudo femenino no tenía la misma consideración que podemos encontrar en Grecia o en Roma, donde podemos encontrar a marido y mujer representados sobre la tapa de un sarcófago, desnudos, abrazados y cubiertos por una *tebenna*. También al igual que en el caso de los hombres, con la dominación romana las modas femeninas en lo que al vestido se refiere, se fueron adaptando a los nuevos tiempos y los nuevos gustos.

Juegos y pasatiempos

Era habitual que durante las reuniones sociales o después de los banquetes los comensales emplearan su tiempo con algún tipo de diversión o entretenimiento al margen de la música o de la danza que había amenizado su comida.

Todas las sociedades han desarrollado juegos que les permitan entretener sus horas de ocio. Los juegos de azar eran los más populares, y algunos de ellos alcanzaron un carácter casi universal entre las civilizaciones del Mediterráneo. Conocemos muchos, incluso algunos que podrían ser específicamente etruscos, pero lo que desconocemos en la mayoría de los casos son las reglas de estos juegos. Esto

Aquiles y Ajax jugando a los dados. Anfora de Exequias, año 530 a.C. Museo Gregoriano Etrusco, Vaticano. (Foto: Gli Etruschi, Bompiani.)

sucede con un juego de fichas practicado sobre un tablero, sólo podemos decir al respecto, que debía tratarse de un juego en el que tomaban parte dos personas.

Otro tipo de juego conocido en el mundo etrusco era el *kottabos*, una especie de tiro al blanco, en el que los jugadores debían lanzar vino con su copa, después de haber bebido, hacía un recipiente que estaba en precario equilibrio sostenido por un bastón; este juego no era de origen etrusco, pues al parecer nació en Sicilia y desde allí paso a Atenas y a Etruria.

Los dados debían ser uno de los juegos más populares. Aparecen abundantemente representados en la cerámica griega y a ellos también eran muy aficionados los romanos; además, en dos ejemplares de Vulci aparece ya una de las características más típicas de este instrumento y es que la suma de los lados opuestos es siempre siete. Las tabas aparecen también con mucha frecuencia en las tumbas, casi siempre de hueso, pero en ocasiones también de bronce.

Los etruscos también debieron emplear su tiempo en algunos tipos de juegos atléticos. Entre éstos los juegos de balón fueron bastante populares en la antigüedad. Muchos de ellos se jugaban en Grecia y de allí saltaron a Roma, pero probablemente pasando primero por Etruria. Entre éstos podríamos hacer referencia a una especie de juego de pelota, mezclado con danza, que aparece ya en *La Odisea*. A la pelota debieron jugar tanto adultos como niños y por la documentación romana conocemos juegos como el *trigón* muy popular entre abogados, políticos y banqueros y consistía en lanzarse la pelota entre tres jugadores que no podían moverse del sitio, de uno a otro procurando que el adversario fallara en la recogida. En este juego se empleaban diferentes tipos de pelota. El *harpastum* era otro tipo de juego para el que se empleaba una pequeña pelota rellena de lana y de gran dureza; los numerosos jugadores se dividían en dos grupos que se lanzaban la pelota de unos a otros y la finalidad era traspasar la línea de meta del grupo contrario. A la *pila paganica* se jugaba con un grueso balón y probablemente tenía un origen campesino y a él eran aficionados niños y ancianos.

CRONOLOGÍA

Siglo x a.C. Fases finales de la civilización del bronce.

Siglo ix a.C. Inicios de la civilización del hierro; expansión de la cultura villanoviana y formación de las primeras comunidades.

Siglo viii a.C. Los etruscos dueños de la zona meridional del Tirreno. Los griegos comienzan la expansión colonial por la península itálica.

ca. 775 Los griegos se instalan en la isla de Ischia y en Pitecusa.

ca. 753 Fundación de Roma por Romulo y Remo según la tradición transmitida por Varrón.

750-725 Desarrollo del Villanoviano en Etruria, comienzan a producirse las diferenciaciones sociales y se desarrollan los centros urbanos. Fundación de Cumas. Inicio de la colonización griega en Sicilia.

ca. 710-705 Adopción del alfabeto e introducción de la escritura en Etruria. Comienzo del período orientalizante. Fundación de Sibaris, Crotona y Tarento.

Siglo vii a.C. Primeras inscripciones etruscas encontradas en Tarquinia y en Caere. Pleno desarrollo de la cultura orientalizante.

ca. 650 Gran influencia corintia en Etruria. Se establece en Tarquinia Demarato de Corinto. Evolución de la fase orientalizante. Comienzo de la civilización urbana y florecimiento de Caere. Expansión comercial de las ciudades costeras del sur de Etruria que se convierten en talasocracias.

616 Comienzo de la monarquía etrusca en Roma con el reinado de Tarquinio Prisco.

Siglo VI a.C. Expansión etrusca por la llanura Padana.

ca. 580 Los etruscos son derrotados por los griegos en Lípari.

578 Fallece Tarquinio Prisco y comienza el reinado de Servio Tulio en Roma.

565 Los foceos fundan Alalia en Córcega.

ca. 540 Los etruscos controlan Córcega tras derrotar los cartagineses a los foceos en el Mar Sardo.

534 Muerte de Servio Tulio, se inicia en Roma el reinado de Tarquinio el Soberbio. Fundación de Marzabotto y de Felsina.

525 Una coalición de etruscos, umbrios y daunos fracasa en una expedición contra Cumas.

510 Crotona destruye Síbaris. Florecimiento de la Capua etrusca.

509 Expulsión de Tarquinio el Soberbio de Roma y proclamación de la República. Caida de las tiranías en Grecia. Chiusi se expande por el Lacio. El rey Porsenna ataca Roma.

ca. 505 El ejército de Porsenna es derrotado cerca de Ariccia por Aristodemo de Cumas. Los etruscos son derrotados por los galos en el Ticino.

Siglo V a.C. Guerra entre Veyes y Roma; tragedia de los Fabios en Cremera.

474 Los etruscos son derrotados en las aguas de Cumas por los siracusanos y ponen fin a la talasocracia etrusca. Decadencia de las ciudades etruscas del sur. Las ciudades etruscas del interior y de la zona septentrional de Italia adquieren cierto auge.

454-453 Incursiones de la flota de Siracusa en el Tirreno. Los samnitas se lanzan sobre Campania.

428 Inicio de una nueva guerra entre Veyes y Roma.

426 Los romanos conquistan Fidenae, ciudad latina aliada de Veyes.

423 Capua es ocupada por los samnitas y se pone fin al dominio etrusco en Campania.

414-413 Un contingente etrusco procedente de Tarquinia participa en el asedio naval de Siracusa por parte de los atenienses.

406 Los romanos dan comienzo al asedio de Veyes.

Siglo IV a.C.

396 Veyes es conquistada y destruida por los romanos que incorporan su territorio al de Roma.

390-386 Invasión gala de la Italia Central, llegan hasta Roma que es saqueada e incendiada.

384 Siracusa saquea el santuario de Pyrgi y recorren todo el Adriático septentrional.

382 Los romanos fundan Nepi y Sutrium. Tarquinia impone su hegemonía en Etruria.

358 Tarquinia, Caere y Faleri se enfrentan a Roma.

353 Caere solicita la paz a Roma.

351 Finaliza la guerra entre Tarquinia y Roma y se impone una tregua que durará cuarenta años. Revuelta servil en Arezzo que es controlada con la ayuda de Tarquinia. Marzabotto y Felsina son ocupadas por los galos.

314 Naves etruscas ayudan a Agátocles de Siracusa a enfrentarse a los cartagineses.

311 Los etruscos comienzan de nuevo la guerra contra Roma. Los romanos invaden Etruria.

307 Los etruscos se ven obligados a pedir la paz a Roma.

302 Rosellas es asediada y ocupada por los romanos. Roma interviene en Arezzo en apoyo de los Cilnii. Se producen revueltas serviles en Volterra y en Rosellas.

Siglo III a.C.

296 Los etruscos entran a formar parte de una coalición itálica contra Roma.

295 La coalición es derrotada por los romanos en Sentino.

284 Se produce una revuelta servil en Arezzo.

282 Los etruscos son derrotados definitivamente por los romanos en el lago Vadimone.

280 Vulci y Volsini se rinden a Roma y las ciudades etruscas se ven obligadas a aceptar su alianza.

273 Roma funda colonias en Cosa y en Pyrgi.

265 Revuelta servil en Volsini.

264 Volsini es conquistada y destruida por los romanos y reconstruida a orillas del lago de Bolsena. Saqueo del santuario de Voltumna. Roma funda las colonias de Castrum Novum, Alsium y Fregena.

241 Los romanos conquistan y destruyen Faleri y luego deportan a su población.

225 Etruria es invadida por los galos, que son derrotados por los romanos en Talamón. Se comienza la construcción de la Vía Clodia.

222 Los romanos realizan una expedición contra los galos saliendo de Etruria. Comienzo de la construcción de la Vía Flaminia.

217 Aníbal penetra en Etruria y derrota a los romanos en Trasimeno.

205 Las ciudades etruscas contribuyen a la expedición africana de Publio Cornelio Escipión.

Siglo II a.C.

196 Revuelta de esclavos en Etruria.

189 Fundación de la colonia romana de Bononia.

186 Edicto contra las bacanales que pone límites al culto de Dioniso en Etruria.

183-180 Fundación de colonias romanas en Saturnia, Gradisca y Pisa.

177 Roma funda colonias en Luni y en Lucca. Construcción de la via Cassia. Emancipación de esclavos en Etruria septentrional.

135 Tiberio Graco recorre Etruria.

133-121 Los Graco fracasan en sus intentos de reforma social.

130 Por primera vez un etrusco, Marco Perperna es elegido cónsul en Roma.

Siglo I a.C.

91 Roma invade Etruria para evitar el peligro que suponen las propuestas de ley del tribuno Livio Druso. Los aliados, que desean les sean concedidos los derechos de ciudadanía, se revelan y comienzan la guerra contra Roma.

90 Los romanos realizan intervenciones militares en Fiesole, Arezzo, Chiusi y Volsini.

89	Los etruscos reciben la ciudadanía romana. Las ciudades etruscas reciben el estatuto de *municipum*.
87	Los etruscos se ponen de parte de Mario en su enfrentamiento con Sila.
82	Sila desencadena una fuerte represión contra Fiesole, Arezzo y Volterra y establece en ellas colonias de veteranos.
78	Se producen revueltas populares en Fiesole y en otras ciudades.
63	Catilina huye de Roma y se refugia en Etruria reclutando tropas en Fiesole y en Arezzo.
49	Los etruscos no toman partido en la guerra civil entre César y Pompeyo.
40	Perugia es ocupada por los seguidores de Marco Antonio, Octaviano conquista y saquea la ciudad.
27	Un etrusco, Mecenas se convierte en consejero y ministro de Augusto.
7	Etruria se convierte en la región VII de la Italia romana.

GLOSARIO

Acrótera: Motivo decorativo que se colocaba en las vertientes de los tejados. Los etruscos solían emplear la terracota para su fabricación y los principales temas eran vegetales, animales o humanos.

Aulos: Flauta, generalmente de caña, pero tambien podía ser de hueso o de metal.

Auriga: Conductor de un carro.

Chitón: Vestimenta interior empleada por los griegos que tiene alguna semejanza con la camisa moderna, en la intimidad de las casas solía ser la única prenda utilizada, tambien era empleado como única vestimenta por algunos gremios de artesanos.

Cipo: Hito o mojón en forma de pilastra que era levantado en memoría de algún difunto o como poste de caminos para indicar la dirección y la distancia.

Coroplastia: Arte de fabricación de relieves o estatuillas de barro por medio del modelado o moldelado, que luego eran cocidos o no según los deseos y las épocas.

Crátera: Vaso de gran tamaño utilizado para mezclar el vino y el agua antes de ser bebido.

Fasces: Haz de varas de abedul o fresno atadas con una correa roja, de su centro sobresalía un hacha. En Roma se convirtieron en el signo del poder de los magistrados superiores.

FUSAYOLA: Pieza de forma troncocónica, por lo común de cerámica utilizada como pesa para sujetar la lana a los telares.

HIMATION: Vestimenta exterior utilizada por los griegos consistente en una amplia capa, por lo general de lana gruesa.

OLPE: Vaso globular de cuello en forma de campana invertida, boca tan ancha como el cuerpo y asa que partiendo del borde de la boca acaba en el hombro de la vasija.

PILEUS: Gorro de piel o tela de forma más o menos puntiaguda, empleado por los etruscos.

PRÓTOMO: Generalmente se trata de representaciones de la cabeza de animales.

SILLA CURUL: Asiento plegable con adornos de marfil símbolo del poder de los magistrados junto con las fasces.

SÍTULA: Palabra latina empleada para designar recipientes para el agua en forma de caldero.

TALASOCRACIA: Palabra griega empleada para designar el dominio sobre el mar ejercido por algunas ciudades. En cierta medida podría ser equivalente a «imperio marítimo».

TINTINABULUM: Colgante de bronce o cerámica decorado con representaciones en bajo relieve. Su utilización no está clara y movidos por el aire al entrechocar sus piezas solían producir agradables sonidos.

BIBLIOGRAFÍA

A.A.V.V.: «Les Étruskes, peuple secret». En *Historia 6*, 1957.

ACTAS: _____ del congreso *Le ricerche epigrafiche e linguistiche sull'etrusco (Florencia, 1969)*, Florencia, 1973.

ACTAS: _____ del congreso *L'etrusco arcaico (Florencia, 1974)*, Florencia, 1976.

ACTAS,: _____ del congreso *Spina e l'Etruria padana. Convegno di studi etruschi (Ferrara, 1957)*, Florencia, 1959.

AGOSTINIANI, L. Y NICOSIA, F.: *Tabula Cortonensis*, «L'Erma» di Bretschneider, Roma, 2000.

AIGNER, L.: *Tesi, ipotesi e considerazioni sull'origine degli Etruschi*, Graz, 1972.

ALFIERI, N.-ARIAS, P. E.-HIRMER, M.: *Spina*, Munich, 1958.

ALFOELDI, A.: «Die Etrusker in Latium und Rom». En *Gymnasium*, 70, 1963, pp. 385-412.

—*Early Rom and the Latins*, Ann Arbor, 1964.

ALTHEIM, FR.: *Der Ursprung der Etrusker*, Badem-Badem, 1950.

BANTI, L.: *Il mondo degli Etruschi*, Roma, 1969.

BERARD, J.: «La question des origines étrusques». En *REA*, 51, 1949, pp. 201-245.

BIANCHI BANDINELLI, R.: «Arte Etrusca». En *Enciclopedia dell'arte antica III*, 1960.

BIANCHI BANDINELLI,-GUILIANO, A.: *Etruschi e Italici prima del dominio di Roma*, Milán, 1973.

BLANCO, A.-BLÁZQUEZ, J. M.-ELVIRA, M. A. GONZÁLEZ, M. P.: *Los Etruscos*, Madrid, 1985.

BLOCH, R.: «L'état des études étruscologiques», *ANRW*, I,1, Berlín, 1972, pp. 12-21.

—*L'art et la civilisation étrusques*, París, 1955.

—*Los Etruscos*, Barcelona, 1961.

BONFANTE, G.-BONFANTE, L.: *The Etruscan Language. An Introduction*, Manchester, 1983.

BONFANTE, L.: *Etruscan Dress*, Batimor-Londres, 1975.

BOSCH GIMPERA, P.: «Réflexions sur le problème des Étrusques». En *Mélanges A. Piganiol*, París, 1966, pp. 637-653.

BRANDENSTEIN, W.: *Die Herkunft der Etrusker*, Leipzig, 1937.

BRENDEL, O. J.: *Etruscan Art*, Harmondsworth, 1978.

BRIQUEL, D.: *Les étrusques. Peuple de la différence*, París, 1993.

BUONAMICI, G.: *Epigraphia etrusca*, Florencia, 1932.

CAFFARELLO, N.: *Avviamento allo studio della lingua etrusca*, Florencia, 1975.

CAMPOREALE, G.: «Sull'organizzazione statuale degli Etruschi». En *PP*, 13, 1958, pp. 5-25.

—«Sull'Alfabeto di alcune iscrizioni etrusche arcaiche». En *Par. Pass.*, 112, 1967, pp. 227-235.

—*Gli Etruschi. Storia e civiltà*, Turín, 2000.

CLEMEN, C.: *Die Religion der Etrusker*, Bonn, 1936.

COARELLI, F. y otros: *Le città etrusche*, Milán, 1973.

COARELLI, F.-TORELLI, M.: *Die Städte der Etrusker*, Freiburg, 1974.

CORPUS,: _____ *Inscriptionum Etruscarum*, Leipzig, 1893.

CORTSEN, S.P.: *Lyd og Skrift i Etruskisk*, Copenhague, 1908.

CRISTOFANI, M. ET ALII,: *Gli Etruschi, una nuova immagine*, Florencia, 1984.

CRISTOFANI, M.: «Sull'origine e la diffusione dell'alfabeto etrusco». En *ANRW*, I,2, 1972, pp. 466-489.

CRISTOFANI, M.: *Etruschi. Cultura e società*, Novara, 1978.

—*Introduzione allo studio dell'etrusco*, Florencia, 1978.

—*L'Arte degli Etruschi. Produzione e consumo*, Turín, 1978.

D'ACHIARDI, G.: «L'industria mineraria e metallurgica in Toscana al tempo degli etruschi». En *SE*, 1, 1927, pp. 411 y ss.

D'AVERSA, A.: *La lingua degli etruschi*, Brescia, 1979.

—*L'Etruris e gli etruschi negli autori classici*, Bercia, 1995.

DE PALMA, C.: *La Tirrenia Antica. I. Origini e protostoria degli etruschi*, Florencia, 1983.

—*La Tirrenia antica. II. Storia e civiltà degli etruschi*, Florencia, 1983.

DENNIS, G.: *The Cities and Cemeteries of Etruria*. Londres, 3.ª ed., 1883.

DEVINE, A.M.: «Etruscan language studien and the aspirates». En *St. Etr.*, 42, 1974, pp. 123-151.

Di Martino, U.: *Gli Etruschi. Storia, civiltà e cultura*, Milán, 1982.

DUCATI, P.: *Etruria Antica* (2 vols.), Turín, 1927.

—*Storia dell'arte etrusca* (2 vols.), Florencia, 1927.

—*Le problème étrusque*, París, 1938.

FERRON, J.: «Les relations de Carthage avec l'Étrurie». En *Latomus*, 25, 1966, pp. 689-709.

—«Un traité d'alliance entre Caere et Carthage contemporain des derniers temps de la royauté étrusque à Rome ou l'évènement commemoré par la quasi-bilingue de Pyrgi». En *ANRW*, I,1, Berlín, 1972, pp. 189 y ss.

FRANKFORT, TH.: «Les classes serviles en Étrurie». En *Latomus*, 18, 1959, pp. 3 y ss.

GIGLIOLI, G.Q.: *L'arte etrusca*, Milán, 1935.

GRANT, M.: *The Etruscans*, New York, 1964.

GRENIER, A.: «Les Étrusques et l'histoire primitive de l'Italie», *RH*, 178, 1936, pp. 502-523.

HARRIS, W.V.: *Rome in Etruria And Umbria*, Oxford, 1971.

HAWKES, C.F.C.: «The problem of the Origins of the archaic cultures in Etruria and its main difficulties». En *SE*, 27, 1959, pp. 363-382.

HENCKEN, H.: «A View of Etruscan Origins». En *Antiquity*, 40, 1966, pp. 205-211.

—*Tarquinia, Villanovians and Early Etruscans* (2 vols.), Cambidge Mass. 1968.

HERBIG, R.: *Götter und Dämonen der Etrusker*, Maguncia, 1965.

HEURGON, J.: «Les inscriptions de Pyrgi et l'aliance étrusco-punique autour de 500 av. J.C.». En *C.R.A.I.*, 1965, París, 1966, pp. 88-103.

—*La vida cotidiana de los etruscos*, Madrid, 1991.
HUS, A.: *Les siècles d'or de l'histoire étrusque (675-475 av. J.C.)*, Bruselas, 1976.
JANNOT, J. R.: *Devins, dieux et démons. Regards sur la religion de l'Étrurie antique*, París, 1998.
LAMBRECHTS, R.: *Essai sur les magistratures des Républiques étrusques*, Bruselas, 1959.
LIOU, B.: *Praetores Etruriae XV populorum*. Coll. Latomus 106, 1969.
LOPES PEGNA, M.: *Saggio di bibliografia Etrusca*, Florencia, 1953.
—*Storia del popolo etrusco*, Florencia, 1959.
MACNAMARA, E.: *Everyday Life of the Etruscans*, Londres, 1973.
—*The Etruscans*, Cambridge, 1990.
MAGIANI, A.: «Appunti sulle magistrature etrusche», *Studi Etrusche*, 62, 1996, pp. 95-138.
MANSUALLE, G.: *Etrurien und die Anfänge Roms*, Baden-Baden, 1963 (trad. española, Barcelona, 1963).
MASTROCINQUE, A.: «*Servitus Publica* a Roma e nella società etrusca», *Studi Etruschi* 62, 1996, pp. 249-270.
MUEHLESTEIN, H.: *Die Etrusker im Spiegel ihrer Kunst*, Berlín, 1969.
OGILVIE, R. M.: *Early Rome and the Etruscans*, New Jersey, 1976.
OLZSCHA, K.: *Interpretation der Agramer Mumienbinde*, Leipzig, 1939.
PALLOTINO, M.: «Il contenuto del testo della munmmia di Zagrabia». En *SE*, 6, 1932, pp. 279 y ss.
—*Elementi di lingua etrusca*, Florencia, 1936.
—*Gli Etruschi*, Roma, 1940.
—*L'origine degli Etruschi*, Roma, 1947.
—*La peinture étrusque*, Ginebra, 1952.
—«Nuovi spunti di ricerca sul tema delle magistratura etrusche», *Studi Etruschi*, 29, 1955-1956, pp. 45-72.
—«Nuovi Studi sul problema delle origini etrusche (Bilancio etrusco)». En *SE*, 29, 1961, pp. 3-30.
—«Gli Etruschi nell'Italia del Nord». En *Hommages à A. Grenier*, Bruselas, 1962, pp. 1207-1216.

—«Les relations entre Etrusques et Carthage du VIIe au IIIéme siècle av. J.C.». En *Les Cahiers de Tunisie*, 44, 1963, pp. 23-29.

—*Etruscología*, Milán, 5.ª ed., 1963 (trad. española en EUDEBA, Buenos Aires, 1965).

—*Testimoniae linguae etruscae*, Florencia, 2.ª ed., 1968.

—*Die Etrusker und Europa*, Milán, 1993.

—*Origini e Storia Primitiva di Roma*, Milán, 2000.

PARETI, L.: *Le origini etrusche. 1. Legende e i dati della sciencia*, Florencia, 1926.

PFIFFIG, A. J.: «Zur Sittengeschichte der Etrusker». En *Gymnasium*, 71, 1964, pp. 17-36.

—*Die etruskische Sprache. Versuch einer Gesamtdarstellung*, Graz, 1969.

—*Einführung in die Etruskologie. Probleme, Methoden, Ergebnisse*, Darmstadt, 1972.

—*Religio Etrusca*, Graz, 1974.

PFISTER, R.: *Die Etrusker*, Munich, 1940.

PIGANIOL, A.: «Les Étrusques peuple d'Orient». En *Cahiers d'Histoire Mondiale 1*, 1953, pp. 201-245.

PUGLIESE CARRATELLI, G.: «Intorno alle lamine di Pyrgi». En *SE*, 23, 1965, pp. 221-235.

RADKE, G.: «Etrurien ein Produkt politischer, sozialer und kulturellen Spannungen». En *Klio*, 56, 1974, pp. 29-53.

RALLO, A. (ed.): *Le donne in Etruria*, Roma, 1989.

RANDALL MAC IVER, D.: *Villanovians and Early Etruscans*, Oxford, 1924.

RENARD, M.: «Nicolas Fréret et la theórie de l'origine septentrionale des Etrusques». En *Latomus*, 139, pp. 89-94.

—*Initiation à l'étruscologie*, Bruselas, 1941.

RICHARDSON, E.: *The Etruscans. Their art and Civilisation*, Chicago-Londres, 1964.

RIX, H.: *Das etruskische Cognomen*, Wiesbaden, 1963.

SCHACHERMEYR, FR.: *Etruskische Frühgeschichte*, Berlín, 1929.

SCULLARD, H. H.: *The Etruscan Cities and Rome*, Ithaca (N.Y.),Londres, 1967.

SOLARI, A.: *Vita pubblica e privata degli Etruschi*, Florencia, 1930.

SPITERIS, T.: *Pintura griega y etrusca*, Madrid, 1968.

STACCIOLI, R.: *Il «mistero» della lingua etrusca*, Roma, 1977.

—*Gli Etruschi. Mito e realtà*, Roma, 1980.

—*Storia e civiltà degli etruschi*, Roma, 1981.

STEINGRÄBER, S.: *Città e necropoli dell'Etruria*, Roma, 1983.

THULIN, C.O.: *Die etruskische Disciplin*, Darmstadt, 1968.

TORELLI, M.: *Etruria*, Roma, 1980.

—*L'arte degli Etruschi*, Bari, 1985.

—*Storia degli Etruschi*, Roma-Bari, 1982 (trad. española eb. Ed. Critica, Barcelona, 1996).

TROMBETTI, A.: *La lingua etrusca*, Florencia, 1928.

VACCANO, O. W. VON,: *Die Etrusker. Werden und geistige Welt*, Stuttgart, 1955.

WARD PERKINS, J. B.: «The problem of Etruscan Origins». En *Harward Studies in Class. Philologie*, 64, 1959, pp. 1-26.

ZAMARCHI GRASSI, P. (ed): *Cento preziosi Etruschi*, Catálogo de la exposición, Florencia, 1984.

ZUFFA, M.: «La questione etrusca in Felsina». En *Civiltà del Ferro*, Bolonia, 1960, pp. 119-130.

LANDER FORNLANG
26594507
SPA 937.501 Cabrero Javier
Cabrero, Javier.
Vida y costumbres de los
Etruscos /

10/09

NO LONGER PROPERTY OF
ANDERSON COUNTY LIBRARY

Anderson County Library
300 North McDuffie Street
Anderson, South Carolina 29621
(864) 260-4500

Belton, Honea Path, Iva,
Lander Regional, Pendleton,
Piedmont, Powdersville,
Westside, Bookmobile